名师名校名校长

凝聚名师共识
回应名师关怀
打造名师品牌
培育名师群体

程明远题

让成长发生在路上

RANG CHENGZHANG FASHENG ZAI LUSHANG

——好心文化背景下『小学语文＋』
跨学科研学实践研究

廖雁 著

东北师范大学出版社

长 春

图书在版编目（CIP）数据

让成长发生在路上：好心文化背景下"小学语文+"跨学科研学实践研究 / 廖雁著. — 长春：东北师范大学出版社，2022.11
ISBN 978-7-5681-9858-5

Ⅰ.①让… Ⅱ.①廖… Ⅲ.①小学语文课—教学研究
Ⅳ.①G623.202

中国版本图书馆CIP数据核字（2022）第224215号

□责任编辑：石纯生　　　　　□封面设计：言之凿
□责任校对：刘彦妮　张小娅　□责任印制：许　冰

东北师范大学出版社出版发行
长春净月经济开发区金宝街118号（邮政编码：130117）
电话：0431-84568023
网址：http：//www.nenup.com
北京言之凿文化发展有限公司设计部制版
北京政采印刷服务有限公司印装
北京市中关村科技园区通州园金桥科技产业基地环科中路17号（邮编：101102）
2022年11月第1版　2023年6月第1次印刷
幅面尺寸：170mm×240mm　印张：14.5　字数：200千

定价：58.00元

小廖老师是一本书

"小廖老师，你下一次什么时候来给我们上课呢？……""我就是喜欢你，小廖老师……"在东湾的校园里，经常有一班小孩子围着时时都那么优雅的她，仰望着，笑脸如花，叽叽喳喳地问这说那。她就是茂名市名班主任工作室主持人廖雁老师，孩子们都喜欢叫她"小廖老师"。

前段时间，小廖老师跟我说，她想出一本书。我说："非常好，你平时一直喜欢读别人写的书，自己早该写一本书报答一下作家们，因为你本身就是一本书……"

"诚邀您作序，您对这本书的主旨最了解。"她一脸诚恳地说。

我欣然应允。

小廖老师人如其名，如大雁，有理想有追求，拼搏进取，有雁之团队精神，善于用心思考，想方设法带领团队飞得更远！她是开心果，孩子们喜欢她那充满趣味和魔力的课堂，闺蜜喜爱听其心语，品其果香。她是导演，无论是难忘恩师好友的毕业典礼，还是自娱自乐的教师春晚；无论是星光熠熠的"好心节"，还是一节又一节技压群雄的赛课……大家纷纷点赞："廖导"出品就是精品！

此书亦是"廖导"出品，故为精品。

此书是有品位的精品。此书的主要内容是"好心文化背景下'小学语文+'跨学科研学实践研究"，这正是她的研究方向，定位好。教师都会有自己的教学风格和研究方向，有的研究海量阅读，有的探索奇趣作文，有的研讨诗歌散文……小廖老师研究的方向比较新颖，这种创新精神非常可嘉。

此书是有品质的精品。此书研究的内容接地气，与学校的办学理念、教育特色紧密结合。学校的"好心教育"体系是纲领，指导和支撑着小廖老师的研究。同时，小廖老师的研究佐证着该办学体系的优越，促进其不断完善。

此书是有灵魂的精品。此书研究的核心价值好，让学生懂得课本不是世界，世界才是课本。她立足小学语文，通过跨学科融合研学探究，坚持"读万卷书，行万里路"的教育理念，从研学主题的确立，学习任务单、研学手册的制定，到研前双师课堂、研中合作探究、研后完成任务单，再到集体分享，让学生感受"纸上得来终觉浅，绝知此事要躬行"的喜悦。这是以学生为主的课堂，是学生非常喜欢的课堂，是让成长真实发生在路上的课堂。

小廖老师是书，在书写学生的未来。

卢春年

2022年7月29日夜

本文作者系特级教师，茂名市名校长工作室主持人，
茂名市东湾学校校长

烧脑之事

挚友雁子，相识十余载，每遇烧脑之事，必电聊、微聊加面聊。话费自不必说，南方小城，但凡稍能安静之咖啡店，不拘大小，无论远近，大抵都留下过两人烧脑之印记。

写书之历程，自是烧脑，于是乎，电聊无时限，上下楼梯时，锅碗瓢盆间，免提一开，随走随聊，随吃随谈，构思设想、内容、章节，言谈间，茅塞顿开。

"研学"一词，"研"有法，"学"有方，语文引领，学科融合，立根"好心茂名"本土文化，绵延东湾学校"好心教育"。新校三年，实践创新，凝心血，成今日此书。

今嘱我略写一序，字数三百，文言记之。感念于雁子之育人情怀，钦佩其孜孜不倦、笔耕不辍，此书烧脑一事，且以只言片语记之。

文浅笔拙，献丑矣。

李 艳

2022年7月30日晨

本文作者系茂名市名教师，茂名市李艳名师工作室主持人

目 录
CONTENTS

第一章
国内外研究述评

研学旅行是一种将"旅游"和"学习"相结合的新型教育模式，它强调让学生主动参与主题学习活动，按照规划有组织地前往目的地进行学习，通过研学的方式，切身体会生活，感受自然，提高综合素养。研学旅行作为一种实践活动方式，也是目前非常热门的跨学科主题学习的一种形式。研学旅行正处在国家大力倡导、学校师生积极响应的关键阶段。随着近些年我国对研学旅行发展的重视，各中小学校普遍开展了一系列研学旅行活动，并取得了不错的经验和效果。然而，在实施过程中研学旅行还存在诸多问题，如学校管理者本身不重视研学旅行活动，教师缺乏对研学旅行的深入认识和理解，学生参与研学旅行的主体性意识不强、积极性不够，等等。

第一节　国内研究述评

　　长期以来，实践教育的薄弱环节制约了我国素质教育的发展，成为改革人才培养模式的重要瓶颈。应试教育的教学模式脱离了学生的现实生活和社会需求，制约了学生的动手能力和创新思维能力的培养。20世纪90年代，在全世界范围内逐渐形成了想要挑战传统应试教学模式的改革浪潮中，为适应时代的需要，各地纷纷推出了自己的改革举措，提倡应试教育向素质教育模式转变。

　　研学旅行是培养学生核心素养的载体，正逐渐被纳入学生综合素质评价体系。早在1993年我国就提出了"提高学生综合素质"的倡议，即中小学要由应试教育转向全面提高国民素质的轨道，全面提高学生的综合素质。研学旅行是培养中小学生核心素养的有效途径。2014年4月8日，《关于全面深化课程改革，落实立德树人根本任务的意见》第一次提出"核心素养"这个概念。在此背景下，2014年7月14日，教育部颁布的《中小学学生赴境外研学旅行活动指南（试行）》对中小学生境外研学旅行的相关要求做出了相应指示。2016年11月30日，教育部等11个部门联合印发了《关于推进中小学生研学旅行的意见》，提出将研学旅行纳入中小学教学计划。2017年3月，"研学旅行"成为两会期间的十大热点关键词之一，同年5月1日，《研学旅行服务规范》出台并实施，主要针对研学旅行服务提供方、人员配置、研学旅行产品、服务项目以及安全管理等几大类内容进行了详细规定。2017年，在中央有关部门和各省级教育行政部门推荐的基础上，经过专家评议、营地实地核查及综合评定，中国人民革命军事博物馆等204个单位被命名为"全国中小学生研学实践教育基地"，这为广大中小学校组织开展研学旅行提供了条件。2019年2月，中共中央国务院印发的《中国教育现代化2035》提出要弘扬劳动精神，强化实践动手能力、合作能力、创新能力的培养。这一系列文件的出台为小学研学旅行的开展提供了政策支持和保障。

在宏观分析方面，刘璐和曾素林通过分析国外研学旅行模式和经验，提出应注重"研学"与"旅行"相互交融，注重创造研学体验的情景记忆和学生需求分化。陈春光认为，研学旅行教育活动存在自然性、体验性、课程性三大特点。于书娟等人分析了我国研学旅行的突出问题，提出应明确研学旅行目标、主题并彰显其教育价值；将研学旅行融入课程；大力丰富师资，培训研学导师。殷世东和程静提出课程化对中小学研学旅行的价值提升作用，因为课程化是研学旅行科学化的必然要求、规范化的自然体现、有效性的实现路径、常态化的根本保障，强调课程化对于研学旅行的意义并提出实施路径。

在课程设计方面，朱洪秋提出了"三阶段、四环节"研学旅行课程模型，三个阶段即课前、课中、课后，四个环节即确定目标、选择资源、课程实施、课程评价。刘璐和曾素林指出，中小学研学课程开发有意识模糊、原则不明、内容贫乏等问题，需要以培养学生认知、合作、创新、职业等关键能力为目标。胡向东则强调评价是课程化的关键，提出目标与评价主体要多元化，注重学生的主体性以及实践性、过程性和激励性等原则，提议聚合师资、基地等多方资源打造方法上创新的评价系统。

第二节　国外研究述评

一、国外相关理论的研究

法国著名教育思想家卢梭在其著作《爱弥儿》中提出的"自然主义教育"理论，可以说是较早地体现了研学旅行的课程思想。随后，美国教育家约翰·杜威在批判地继承卢梭的观点的基础上，从儿童的兴趣出发，提出以儿童中心、活动中心、经验中心为内容的"新三中心论"。杜威在《儿童与课程》一书中强调，当时的美国"学科中心论"和"儿童中心论"都割裂了儿童当下的经验与学科知识体系的联系，指出只有把学科知识和学科逻辑转化为儿童当下的生活经验，让儿童当下的经验有互动的对象、科学的知识，才能推动儿童经验不断往前发展，提倡设置多样化的"综合课程""经验课程"。同样，与研学旅行相关的实践研究，国外很早就开始进行了。

二、国外相关实践的研究

早在16、17世纪的英国，当时英国人为学习外国语言和文化纷纷前往其他国家游学，这种特殊的海外学习模式逐渐成为英国教育过程中不可缺少的一部分，被称为"教育旅行"。此外，"教育旅行"的交流方式，促进了欧洲各国之间的文化交流，是早期欧洲海外研学的一种主要方式。在日本，研学旅行被称为"修学旅行"，开展得比较普遍，并且有严格的规章制度，对每年学生修学旅行的上课方式、时间、地点以及课程都做了明确规定。日本"修学旅行"最早开始于1886年，东京师范学校组织学生到千叶县进行了11天的"长途远足"。另外，最早记载日本学生"长途远足"活动的是1886

年的《茗溪棋会杂志》，该杂志将此活动称为"修学旅行"。随后，1888年修学旅行在日本师范学校得到广泛开展。1987年，日本积极推动海外修学旅行。目前，修学旅行已经被纳入日本中小学教学计划，并成为日本中小学每学期的常规教育活动，每学期至少开展2次。

通过梳理国内外研学旅行的相关文献研究，我们可以发现，国外近年来关注较多的主要是海外游学，对于学生游学的目的地选择及动机的研究相对较多。此外，研学旅行在国外各中小学的实施积累了大量经验，如日本、韩国、美国。

第二章
本土文化背景分析

本土文化不是传统意义上的传统文化，它是本土的各种各样的文化经过本地的习惯慢慢沉淀下来形成的文化，具有独特的本土性和民族性，是属于本土独有的文化。它包括了宗教信仰、风土民情、众生群像、民间俚曲、礼俗好尚等方方面面的文化。这些文化都是历经百年积淀传承下来的，是具有本土特色的民族习惯和人文环境。

研究本土文化的意义在于传承本土精神文明，培养历史文物文化精神，培育新一代人的思想道德素养。本土文化蕴藏着丰富的育人资源，是培育新一代人社会主义核心价值观很好的载体。

第一节　本土"好心文化"背景分析

茂名这片古老的土地历史悠久，文化遗存瑰丽。目前，茂名市深入传承发展本土文化，将"中国巾帼英雄第一人"冼夫人的"唯用一好心"精神上升为城市精神，"好心茂名"得到茂名人民的广泛认同。

冼夫人，本名冼英，被尊称为"岭南圣母"，约公元522年出生于广东高凉郡山兜丁村，于公元602年农历正月十八逝世。冼夫人历经梁、陈、隋三朝，一生致力于维护国家的统一、民族的团结、社会的和平稳定，促进了岭南地区的经济发展，是南北朝至隋朝时期岭南杰出俚人大首领。她先被南陈封赐为中郎将、石龙太夫人，后被隋文帝封为宋康郡夫人、谯国夫人，去世后被朝廷谥为诚敬夫人。当地百姓为感激她平定叛乱，保护百姓安宁，都尊称她为"岭南圣母"。周恩来总理称赞她为"中国巾帼英雄第一人"。

后来，人们对冼夫人的敬仰逐渐形成了一种民间信仰习俗——"冼夫人信俗"。这是以信奉和弘扬冼夫人的"唯用一好心"为核心，以冼太庙为主要活动场所，以庙会、祭祀仪式等为表现形式的民俗文化，另外还包括生活习俗和故事传说等。2014年，"冼夫人信俗"被列入第四批国家级非物质文化遗产代表名录。茂名地区的冼太庙超过200座。茂名市俚人文化研究会秘书长戴国伟在接受记者采访时说，茂名是冼夫人故里，冼夫人文化是中华优秀传统文化的组成部分，是俚人文化的光辉代表，是岭南本土文化的精髓，其理念、智慧、气度、神韵穿越了时空，增添了茂名人民内心深处的自信和自豪。

要继承和发扬冼夫人这种"好心精神"，需要从义务教育阶段开始对学生进行培育。通过研学课程的开发与应用可以创新并有效地继承和发扬茂名的"好心精神"，让每一个学生从小热爱家乡、感恩家乡、为家乡代言，从小厚植对家乡茂名的热爱与眷恋情怀，以茂名为荣，以家乡为傲。

第二节 学校"好心教育"体系背景分析

一、"好心教育"品牌的由来

茂名市东湾学校成立于2019年8月，是市直属九年一贯制公办学校。学校坐落于小东江两水交汇成"人"字形的河湾处，风景秀丽，是读书治学的好地方。

小东江是茂名的母亲河，它为茂名带来了源源不断的活力，也传承着茂名深厚的历史文化，其源头处恰好是茂名"好心文化"的起源地。

为大力弘扬和培育"好心茂名"精神，学校把"好心教育"确定为办学品牌，并对"好心教育"做出了如下阐述：

以弘扬"好心茂名"精神为核心，传承中华优秀传统文化，将"以心为本，诗礼传家"定为办学理念，以"安好这颗心"作为校训，寓意东湾学校每个学生就是这小东江上的一艘艘小船，以"好心"为舵，让"诗礼"为帆，在"不忘初心、静心育人"的教师摆渡人的引领下，"正心诚意，静水流深"地去学习，成为"知书达礼、全面发展的好心人"，并把这种"好心精神"带出茂名，使其走向世界。

二、"润心德育"体系的构建

（一）"润心德育"的提出

茂名市东湾学校位于茂名市母亲河——小东江畔，母亲河日夜滋润着茂名这一方水土，滋润着每一个好心东湾人。

国无德不兴，人无德不立。育人之本，在于立德铸魂。立德是一门"心"的工程。东湾学校以"好心教育"作为学校办学品牌，以"以心为本，诗礼传家"为办学理念，以"安好这颗心"为校训，一切皆指向"心"。有人说，教育是润德于心，成德于行，礼美天下，意思是以高尚的师德和风细雨般地润泽每一颗幼小的心灵，自然而然地让学生养成良好的行为习惯。"润心德育"正是基于此提出的，唯愿通过东湾教师"夜雨瞒人去润花"，让东湾学子"一片冰心在玉壶"。

（二）润心德育目标

培养知书达礼的"好心人"。

（三）润心德育内容（表2-2-1、图2-2-1）

表2-2-1

一年级	二年级	三年级	四年级	五年级	六年级	七年级	八年级	九年级
专心	关心	诚心	齐心	孝心	爱心	安心	恒心	忠心

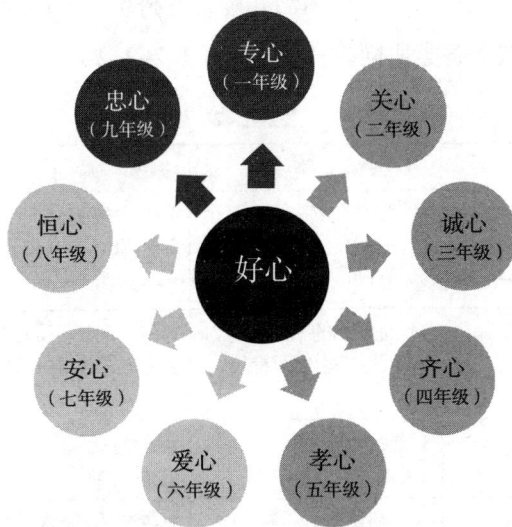

图2-2-1

（四）德育途径：活动育人、课程育人、协同育人

学校将从活动育人、课程育人、协同育人三大方面着手（表2-2-2），构建"润心德育"体系，培养学生高尚的道德品质，锻炼学生坚强的意志品质，使学生养成良好的行为习惯。

活动育人。学校将以"诗文节""书艺节""好心节"三大节为载体，通过丰富多彩的活动达到育人的目的。

课程育人。学校将通过学科课程渗透及专题教育课程两大方面开展育人工作，专题教育课程包含家国情怀课、生命教育课、环境教育课、挫折教育课等系列课程。

协同育人。主要通过家校社三方协同育人，构建家校社三方融合的育人网络：一是学校与家庭协同，建设一流的"家长学校"。充分发挥学校、年级、班级三级家委会的作用，有效调动家委会的积极性，建设家长学校，积极探索新时代家校合作方式，建立家校常态沟通机制，开展家长志愿者活动，开设"家庭教育大讲堂"，让家长积极参与到孩子的成长和学校的建设中来。二是学校与社区协同，建立与社区居委会、派出所、医院、消防队等多方协同的育人机制，开展手拉手共建共赢活动。三是学校与高校协同，通过与广东石油化工学院及广东茂名幼儿师范专科学校等高校合作，启动以心理健康教育为主线的各类协同教育模式。（表2-2-2）

表2-2-2

项目	主题	策略	内容	备注
一年级专心	专心听（课堂专心听，课后听故事）	注意力训练（每天至少一次）	1.注意力测试。 2.听50个故事，复述3个故事	—
	专心写	1.保证安静的书写环境。 2.设置书写时间梯度。 3.训练	1.写字时不三心二意。 2.专心书写时长达20分钟	—
	专心吃	1.主题班会。 2.小组评比	不随意走动、不大声喧哗、文明用餐	—
二年级关心	关心自己	1.主题班会。 2.绘本故事分享	1.在校喝3壶水（600mL）。 2.不吃垃圾食品。 3.不做危害身体的事情（不爬高、不打架、不追逐等）。 4.做好个人卫生	—
	关心他人	1.微班会教育，开展"我是贴心东湾娃"记录活动。 2.评选课堂纪律小标兵。 3.开展"助人为乐"争章活动	1.关心家长（不惹家长生气，勤做家务）。 2.关心老师（听老师的话、不惹老师生气等）。 3.关心同学（乐于助人等）	—

项目	主题	策略	内容	备注
三年级 诚心	说真话 做真人	1.主题班会。 2.讲诚信故事。 3.背诚信名言。 4.评诚信之星	1.真诚对待身边每一个人。 2.诚信故事比赛。 3.制作诚信小书签比赛	—
四年级 齐心	团结同学	1.主题班会。 2.小型辩论会	活动一：夸夸同学的闪光点 活动二：设计一张友谊卡送给你的好朋友	—
	关心集体	1.主题班会。 2.共同建设班级文化。 3.设计一个班级合作活动方案	1.班级文化比赛。 2.拔河比赛	—
五年级 孝心	学会分担	1.主题班会。 2.辩论会。 3.开展劳动之星比赛	1.开展"该不该为家长分担家务"辩论会。 2.劳动技能比赛	—
	学会沟通	1.主题班会。 2.分享与家长沟通的案例	1.每学期给父母写两封信。 2.亲手制作礼物（特别日子）	—
六年级 爱心	志愿服务	1.主题班会。 2.参与学校、社区和社会的志愿者活动讲座，评选"优秀志愿者"	1.学校周边清洁活动。 2.到社区送温暖活动	—
	乐于分享	1.主题班会。 2.关于分享的微讲座	1.征文比赛。 2.跳蚤市场分享活动	—
七年级 安心	认同文化	1.了解学校的"好心教育"体系 2.解读校徽。 3.学唱校歌	1.教育体系知识竞赛。 2.校歌比赛。 3.成长记录袋	—
	青春期教育	男生、女生课堂	1.辩论赛。 2.沙龙、宣讲团	
	生命、挫折教育	1.主题班会。 2.心理讲座。 3.团体、个人辅导		—
八年级 恒心	团队建设	开展团建活动，增强集体意识	系列团建活动	—
	法治教育	1.班会课。 2.模拟法庭	1.宪法知识竞赛。 2.法律大讲堂。 3.时政小论文比赛	—

项目	主题	策略	内容	备注
九年级忠心	家国情怀（爱党、爱国、爱人民）	1.党史教育。 2.经典歌曲传唱。 3.社会实践活动	1.主题讲座。 2.班级歌唱比赛。 3."假如我是人大代表"实践活动	—
	国际视野（自然观、全球观）	1.模拟联合国。 2.研学活动：走进粤港澳大湾区。 3."世界文化之旅"知识讲座。 4."全球性问题的思考"时政沙龙	1.树立人类命运共同体的观念。 2.具备"和平发展、合作共赢"的国际视野	—

三、"河湾课程"体系的构建

（一）"河湾课程"的提出

学校坐落于茂名市的母亲河小东江畔，处于两水交汇成的"人"字形的河湾处，因此以"河湾"作为校园课程符号。

小东江的源头是茂名市高州长坡水库，恰好是茂名"好心文化"的文化大使冼夫人的故乡。学校以核心素养为导向，以"人"字为原型，以"三江"代表润泽课程（学科课程）、融汇课程（社团课程）、云游课程（研学课程），传达基于核心素养的基础教育各学科对学生全面发展同等重要的信息。

1. 云游课程——全科统整，移动课堂

当今世界是开放的世界，这种开放不只是国家与国家之间的接纳、交流与合作，更在于行业与行业之间、人与人之间达成高效的沟通与融合。这就要求人才的培养打破学科界限，注重培养学生的综合素质。学生综合素质的培养要注重两个方面：一是加强文理科知识的融合，坚持感性与理性、人文与科学并重，从根本上改变过去那种文理分开、人格单一、思维固化的现象，切实培养文理兼通、身心健康、素质全面的综合型人才。二是创新学科教学，注重培养学生的创新思维，鼓励学生从多个角度去思考

和解决问题，这是实施跨学科融合研学的关键。研学课程继承和发展了我国传统游学"读万卷书，行万里路"的教育理念和人文精神，成为素质教育的新内容和新方式。它能提升中小学生的自理能力、创新精神和实践能力。基于此，我们以"小学追本溯源，中学四海弘扬"为指导思想，每学期确定一个星期为"研学周"，根据学科融合确定研学内容和任务单，编写研学教材，根据茂名小东江的流域，确定以下9个研学地点及对应研学年级：茂名露天矿生态公园（一年级）、山阁镇（二年级）、根子镇（三年级）、分界镇（四年级）、谢鸡镇（五年级）、长坡镇（六年级）、茂名湾区（七年级）、湛江湾区（八年级）、粤港澳大湾区（九年级）。学科融合的研学课程旨在用小学6年时间走完小东江流经的6个主要城市或乡镇，再用初中3年时间走完3个主要海湾，用"6+3"的模式，从"河"到"海"，传递"好心茂名"的精神，再把这种精神带出河湾，使其冲出大海，走向世界。河湾课程体系建设思路如图2-2-2所示。

2. 融汇课程——多元社团，异彩纷呈

开设生活实践类、艺术创作类、思维拓展类、科技创新类、表达交流类、体育锻炼类社团，涵盖击剑、足球、版画、航模、编程、书法、合唱、少儿舞蹈、围棋等领域，允许学生打破班、年级界限，自愿选择社团，还可根据学生的兴趣爱好申请开设新的社团。

3. 润泽课程——全面保底，专题特色

改变"教—学"单向知识传输模式，以科组为单位分别研发有学科特色的专题活动。例如，语文科组可以分年段研发辩论赛、演讲赛、故事会、新闻评论等活动；数学科组可以与财经素养相结合，研发超市购物、实地考察等专题活动。

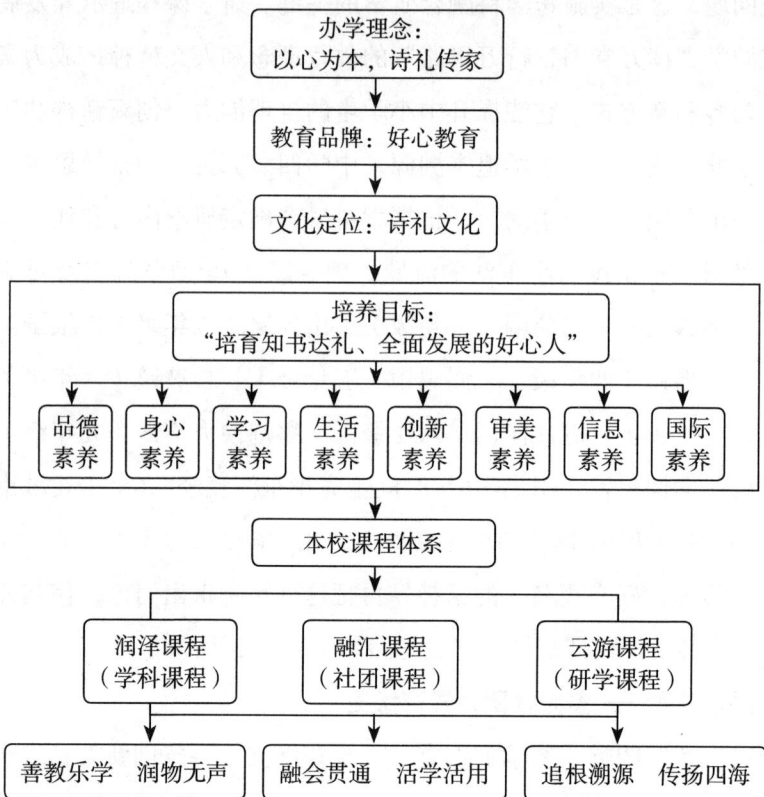

```
办学理念：
以心为本，诗礼传家
        ↓
教育品牌：好心教育
        ↓
文化定位：诗礼文化
        ↓
培养目标：
"培育知书达礼、全面发展的好心人"
```

| 品德素养 | 身心素养 | 学习素养 | 生活素养 | 创新素养 | 审美素养 | 信息素养 | 国际素养 |

```
本校课程体系
```

| 润泽课程（学科课程） | 融汇课程（社团课程） | 云游课程（研学课程） |

| 善教乐学　润物无声 | 融会贯通　活学活用 | 追根溯源　传扬四海 |

图2-2-2

河湾课程"人"字图如图2-2-3所示。

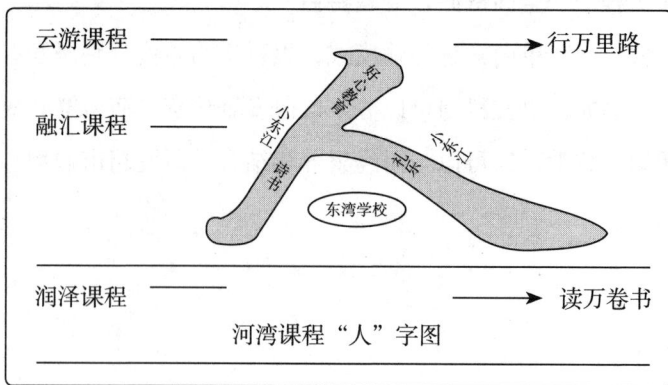

云游课程 ——————————→ 行万里路

融汇课程

润泽课程 ——————————→ 读万卷书

河湾课程"人"字图

图2-2-3

基于提升学生素养的河湾课程体系如图2-2-4所示。

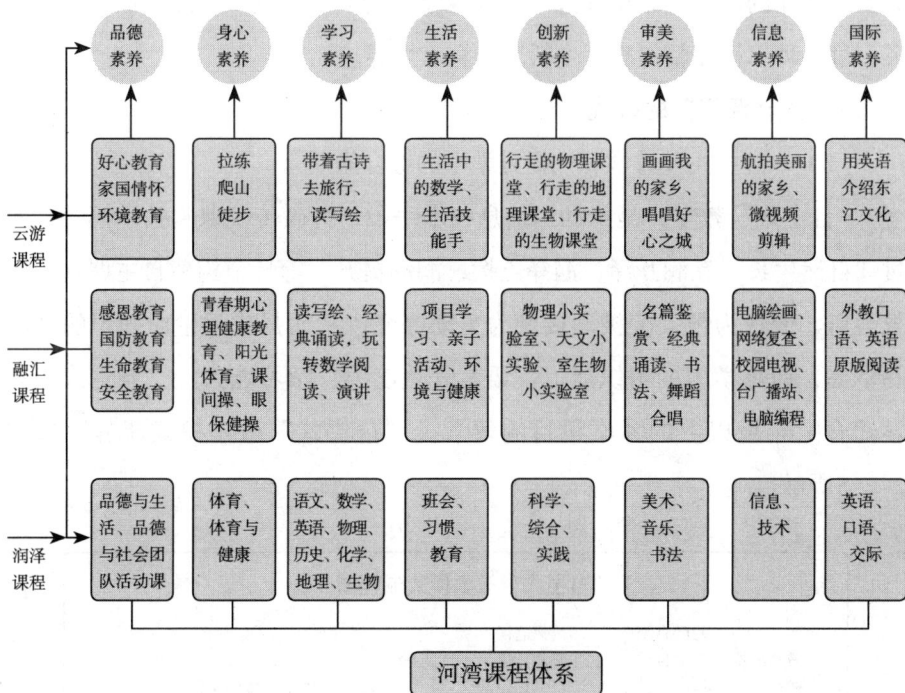

图2-2-4

（二）"河湾课程"的实施方式——润泽课堂

1."润泽课程"的由来

茂名市东湾学校，位于小东江畔，小东江的河水润泽茂名人民，润泽东湾学子。东湾学校以生为本，以提升学生"学习力"为目标，遵从学生学习规律，尊重学生人格，以敬畏学生生命与守护学生健康为出发点，通过构建"润泽课程"，让教师和学生一起无拘无束地参与学习、参与知识构建，相互倾听、相互理解、相互沟通，最终教学相长，享受美好、快乐而有效的课堂，从而达到"随风潜入夜，润物细无声""阳春布德泽，万物生光辉"的教学效果。

2."润泽课程"的内涵

"润泽课程"是一种真正有学习发生、和谐、富有生成性的课堂形态，它至少要求下面四种关系是润泽的：教师和学生的关系是润泽的，学生和学生的关系是润泽的，教师和教学内容的关系是润泽的，学生和学习内容的关系是润泽的。我们希望通过"润泽课堂"的实施达到"润泽生命、润泽心灵，过一种幸福完整的教育生活"的育人境界。

3."润泽课程"的模式

（1）"自主式"教学——提升学生的综合素质

"自主式"教学，是指利用信息技术手段，打破传统课堂教学模式，通过"自然生长、互润互泽，润泽点拨，润泽提升"等环节构建自主课堂，变教为启，变教为帮，变被动接受为主动探究，从而强化学生对知识的理解和掌握，锻炼学生的组织能力、语言表达能力、学习能力。"自主式"教学适合七年级以上的考试科目的教学。"自主式"教学模式流程图如图2-2-5所示。

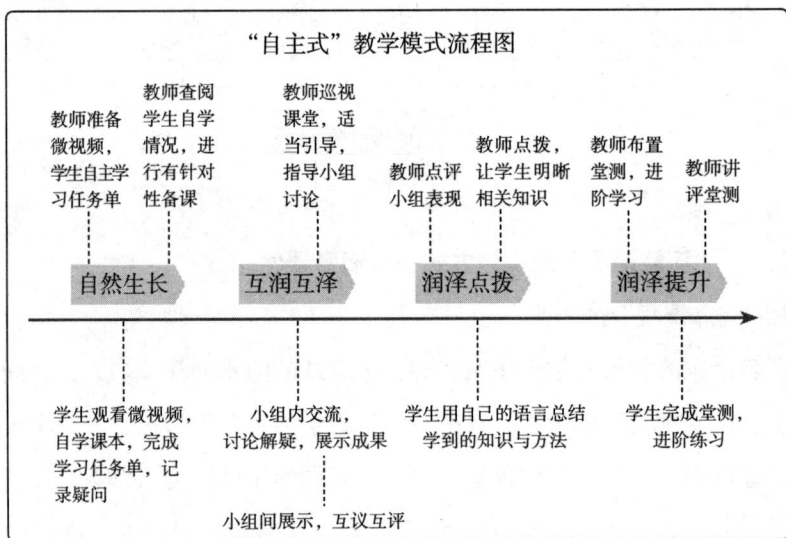

"自主式"教学模式流程图

图2-2-5

（2）"双师项目式"教学——培养学生实践与探索能力

"双师项目式"教学是指多学科融合的教学，由"双师"（两个教师或多个教师）合作完成一节课程，注重引导学生把书本知识应用到生活中，利用项目式的学习与实践，不断巩固学习成果。"双师项目式"教学适合一至九年级相关性较强的学科（生物与地理，政治与语文、历史，物理、化学与科学等）。"双师项目式"教学模式流程图如图2-2-6所示。

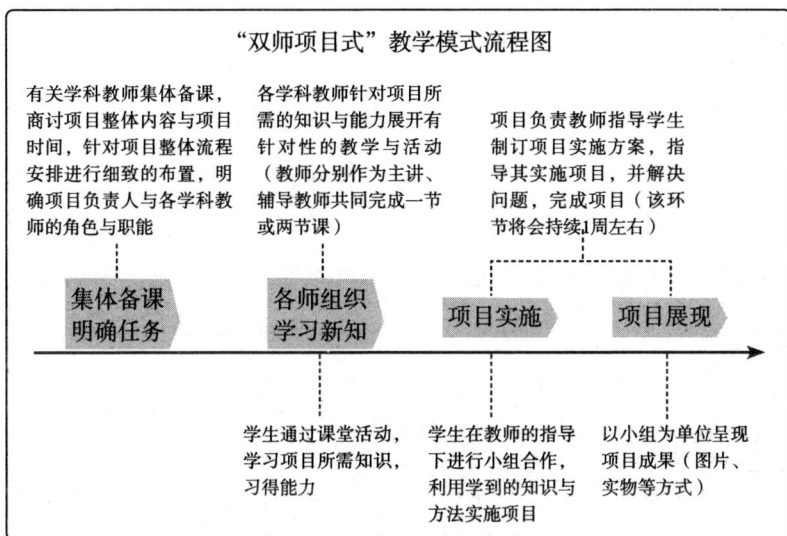

"双师项目式"教学模式流程图

有关学科教师集体备课，商讨项目整体内容与项目时间，针对项目整体流程安排进行细致的布置，明确项目负责人与各学科教师的角色与职能

各学科教师针对项目所需的知识与能力展开有针对性的教学与活动（教师分别作为主讲、辅导教师共同完成一节或两节课）

项目负责教师指导学生制订项目实施方案，指导其实施项目，并解决问题，完成项目（该环节会持续1周左右）

集体备课 明确任务 → 各师组织 学习新知 → 项目实施 → 项目展现

学生通过课堂活动，学习项目所需知识，习得能力

学生在教师的指导下进行小组合作，利用学到的知识与方法实施项目

以小组为单位呈现项目成果（图片、实物等方式）

图2-2-6

（3）"差异化"教学——兼顾不同层次学生需求

"差异化"教学是指教学中对不同层次的学生提出不同的要求，"差异化"教学适合一至九年级两极分化较严重的学科（语文、数学、英语等）。"差异化"教学模式流程图如图2-2-7所示。

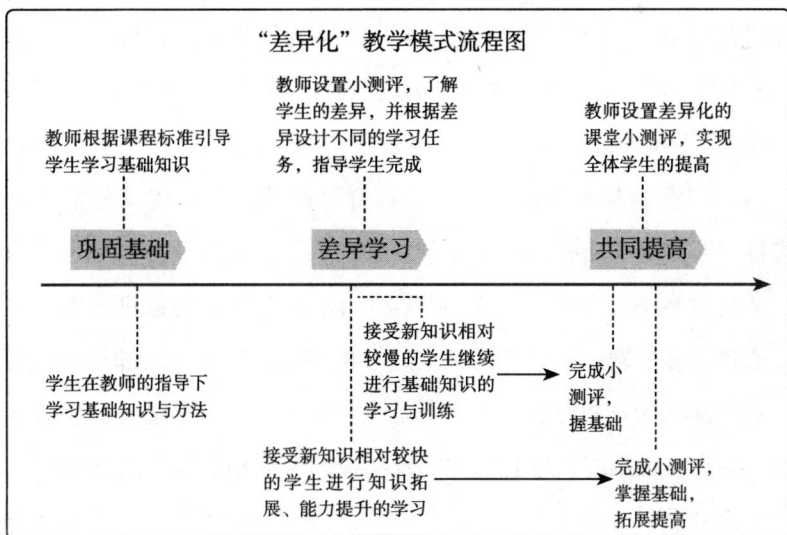

"差异化"教学模式流程图

教师根据课程标准引导学生学习基础知识

教师设置小测评，了解学生的差异，并根据差异设计不同的学习任务，指导学生完成

教师设置差异化的课堂小测评，实现全体学生的提高

巩固基础 → 差异学习 → 共同提高

学生在教师的指导下学习基础知识与方法

接受新知识相对较慢的学生继续进行基础知识的学习与训练 → 完成小测评，握基础

接受新知识相对较快的学生进行知识拓展、能力提升的学习 → 完成小测评，掌握基础，拓展提高

图2-2-7

第二章 本土文化背景分析

四、"好心教育"品牌、"润心德育"体系、"河湾课程"体系三者的关系

习近平在给人民教育出版社部分离退休老同志的回信中指出，用心打造培根铸魂、启智增慧的精品教材。《义务教育语文课程标准（2022年版）》指出，要坚持德育为先，提升智育水平，加强体育美育，落实劳动教育，反映时代特征，努力构建具有中国特色、世界水准的义务教育课程体系，聚焦中国学生发展核心素养，培养学生适应未来发展的正确价值观、必备品格和关键能力，引导学生明确人生发展方向，成为德智体美劳全面发展的社会主义建设者和接班人。在大力提倡素质教育的今天，我们必须从教育理念、教育目标、教育方法和课程开发等方面，关注每一个学生的发展，充分挖掘他们的潜能，使他们在德智体美劳各方面得到全面发展。

教育品牌，是教育之基，更是教育之魂。它是学校的灵魂，决定着学校群体的教育行为，指导着学校的办学方向，定位着学校的品牌形象。"好心教育"品牌的提出，是提升学校品质、打造学校品牌、增强学校知名度和竞争力的重要抓手，也是"润心德育"体系、"河湾课程"体系的核心引领。如果说"好心教育"是飞机发动机，"润心德育"体系、"河湾课程"体系就是飞机的双翼，是飞机的升力源泉，就像鸟儿拥有了翅膀，才能在天空翱翔。两个体系的构建，必将推动"好心教育"质量的进一步提升，必将促进"好心教育"结构的进一步优化，必将助力"好心教育"品牌的进一步打响。

"润心德育"基于学校的"好心教育"品牌进行构建，确定了德育目标、德育内容和德育路径，落实了"立德树人"的根本任务。这也是本书开展好心文化背景下"小学语文+"跨学科研学实践研究的德育依据及核心。例如，德育内容的确定全部是围绕"好心精神"，每个年级都有一项侧重的专题，每个专题既是相对独立的，又是密切关联、不可分割的。在研学活动设计中，教师可以围绕"好心精神"及年级的专题相对侧重进行设计。

在河湾课程体系中，"云游课程"是学校的特色课程，是本书开展好心文化背景下"小学语文+"跨学科研学实践研究的根脉与抓手。没有"云

游课程"就孵化不出本专题研究。"润泽课程"中的"双师项目式"课堂教学模式也是"云游课程"中主要使用的模式，旨在培养学生的合作探究、实践探索和综合运用的能力。这种模式不仅增强了师生与学生之间的交流与合作的互动性，还能培养和锻炼学生的实践能力、团队合作能力和创新思维能力。此外，这种教学模式的应用，对学生的探究精神、自主学习的精神的培养也有一定的促进作用。在互动式教学中，教学变成了一种探索活动，教师和学生都乐在其中，共同追寻学习的乐趣。这种教学模式下的学习，既能激发学生的学习兴趣，又能提高学生对课程的认同感。

第三章
概念界定及理论研究依据

本章首先界定了研学、跨学科学习的概念及基本特点，然后介绍了好心文化背景下"小学语文+"跨学科研学实践研究的理论依据，即分别从概念界定和理论依据两个方面为后面相关问题的探讨提供了理论支撑。

第一节 概念界定

一、研学

研学，即研究性学习，国际上统称探究式学习（Hands-on Inquiry Based Learning，简称HIBL），是指以学生为中心，在教师和学生共同组成的学习环境中，基于学生原有的概念，让学生主动提出问题、主动探究、主动学习的归纳式学习过程。

二、跨学科学

跨学科学是以学科间有关的共同问题为研究对象，运用多学科的理论和方法探讨解决问题的途径，促进学科技术全面协调发展的新学科。现代科学发展的突出特点是既高度分化又高度综合。一方面，学科划分越来越细，分支越来越多；另一方面，解决日益复杂的许多重大问题需要多学科的配合和综合，学科之间相互渗透、相互交叉、相互结合，导致不断涌现出与传统学科分类迥异的新学科，这就是"跨学科"。

跨学科学（interdisciplinary science），也称"学际研究"，是关于两门或两门以上的学科研究者运用各自学科的理论和方法对有关的共同问题进行综合研究，探讨解决问题的途径，促进科学技术全面、协调发展的学科研究理论和方法。

现代科学技术飞跃发展使学科高度地分化和综合，跨学科研究成了现代科学研究的一条重要途径。跨学科学的研究对象就是跨学科研究的基础、形式、方法、活动规律和跨学科教育等。跨学科学是20世纪四五十年代才兴起的。

三、校本课程

校本课程（school-based curriculum）即以学校为本位、由学校自己确定的课程，它与国家课程、地方课程相对应。刘旭东、张宁娟和马丽等人编著的《校本课程与课程资源开发》一书指出，校本课程的出现在国际上有三种看法：第一种看法，校本课程的历史几乎和学校教育的历史一样悠久，在古代学校的课程在较大范围内和一定程度上是由学校自己决定的，那时在课程中占主导地位的是校本课程（这是从校本课程的存在形式来考察的）；第二种看法，校本课程的思想源自20世纪70年代西方发达国家，校本课程实质上是一个以学校为基地进行课程开发的民主决策的过程，即校长、教师、课程专家、学生以及家长和社区人士共同参与学校课程计划的制订、实施和评价活动（这是从校本课程的思想产生来看的）；第三种看法，校本课程真正出现在1973年爱尔兰阿尔斯特大学召开的"校本课程开发"国际研讨会上（这是以校本课程概念的出现为依据的）。

第二节　理论研究依据

一、杜威的儿童中心论

儿童中心论是由杜威提出来的。他提出："儿童是教育起点，是中心，而且是目的。儿童的发展、儿童的生长，就是理想所在。""以儿童为中心"体现在教育过程中，即教师要考虑学生的个性特征，使每个学生都能发展他们的特长，尊重学生在教育活动中的主体地位。"从做中学"是杜威教学理论的基本指导思想，是以他的经验论哲学观和本能论心理学思想为基础的，是对传统教育的教学进行全面否定的一个中心论据。

针对传统课程编制的弊端，杜威提出要改造课程，使之真正适用于儿童的生活，并特别强调了两点：第一，儿童和课程不是互相对立的，而是互相关联的，儿童和课程仅仅是构成一个单一过程的两极，儿童是起点，课程是终点。只要把教材引入儿童的生活，让儿童直接去体验，就能把两点连接起来，使儿童从起点走向终点。第二，学校科目相互联系的中心点，不是科学，不是文学，不是历史，不是地理，而是儿童本身的社会活动。

二、泰勒的现代课程理论

拉尔夫·泰勒是现代课程理论的重要奠基者、科学化课程开发理论的集大成者，被誉为"当代教育评价之父""现代课程理论之父"，其著作《课程与教学的基本原理》被誉为"现代课程理论的圣经"。他提出的"泰勒原理"的基本内容是围绕四个基本问题的讨论展开的：第一，学校应该达到哪些教育目标？第二，提供哪些教育经验才能实现这些目标？第三，怎样有效组织这些教育经验？第四，我们怎样才能确定这些目标正在得到实现？泰勒的现代课程理论作为西方课程理论的主导范式，揭示了课程编制的四个阶段：确定目标、选择经验、组织经验、评价结果，是现代课程论最具影响力的理论构架，对我国课程理论研究和实践工作具有重要的借鉴意义。

三、多尔的后现代课程理论

后现代主义思潮的突出特点是去权威化、去中心化、去普遍化，突出个性化、差异化、多元化，突出互动性、生成性、批判性、创造性。随着后现代主义思潮影响的不断扩展，以多尔为代表的后现代课程观在批判以泰勒为旗帜的现代主义课程观的基础上异军突起。多尔批判泰勒的现代课程理论把课程的重点放在课程目标的选择上，导致形成一种预定的目标。课程评价只关注目标是否得以实现，对于目标的适宜性则不关注，预先选择的目标作为目的提升到过程之上或外在于过程本身。多尔批判泰勒的现代课程理论充斥着教育本质的工具主义或功能主义的观点，此教育目标不是自己的，并非来自自身，它指向外在的目标并受其控制。

在研学旅行课程开发与实施过程中，泰勒的现代课程理论为我们提供了课程开发与实施的基本框架，具有预设性、规范性、科学性、操作性的突出优点；多尔的后现代课程理论为我们提供了课程开发微型化、模块化、个性化的新思路和重要的理论支撑，具有生成性、选择性、个性化、人本化的突出优点。按照泰勒现代课程理论进行课程框架的设计与规划，按照多尔后现代课程理论进行课程设计的细化、微观化、操作化，实现泰勒现代课程理论与多尔后现代课程理论的有机结合，是研学旅行课程开发与实施的最佳策略。

第四章
研究价值

价值，是指用途或积极作用。研究价值，顾名思义，是指项目的研究有何用途或有什么积极作用。好心文化背景下"小学语文+"跨学科研学实践研究具有明显的学术价值、应用价值及创新价值。

第一节　学术价值

　　本课题的提出具有针对性和探索意义，创新了小学语文课程及研学课程教学的形式，克服了传统教学的弊端，充分体现了"以学生为中心"的教学宗旨，提高了教学效果；开发了好心文化背景下"小学语文+"跨学科研学的校本课程，提高了课堂教学质量，提高了学生的学习效果，促进了学生的全面发展和学生核心素养的培养；完善了评价体系，实现了教师跨学科的课堂评价，使教师获得新的教学启示和新的教学方法，有助于教师的教学水平和人文素养的提高。在学校课程体系的构建层面上，本文提供相应的

切实可行的方法和措施，以促进学校校本课程体系的构建与完善。科学合理的课程设计，能激发学生的学习积极性，提高学生的思辨能力、自主学习能力和跨文化交际能力，使教育目标更容易实现。

图4-1-1

图4-1-1～图4-1-3为学生正在参与研学活动。

图4-1-2

图4-1-3

第二节　应用价值

开展本课题研究，对于挖掘学生的潜能，培养学生的综合能力和创新精神，提高教学质量，深化教学改革，具有重要的现实意义和应用价值。

首先，对学生而言，开展本课题研究促进了学生信息收集能力、团队合作能力、探究学习能力、沟通表达能力等综合能力的全面提升，提高了学生的学习意识和自主学习能力，调动了学生的学习积极性，有利于学生之间、师生之间的交流与互动；培养了学生热爱家乡、感恩家乡的情怀。让他们为家乡茂名代言，为家乡发展出谋献策。让每一个学生，听到或看到家乡的每一点变化、每一点进步都为之振奋，为之自豪。

其次，对学校而言，开展本课题研究是对课程体系的深化与补充。研学课程体系的实践研究，不仅能提高学校教学质量，还是打造学校特色品牌的有效途径，有利于新形势下学校教学工作的开展。

最后，本课题为组织研学活动提供系统性、完备性的操作策略，为教育系统推广研学活动提供决策的可行性支撑，为教育系统同行研究者的研究工作提供有价值的参考或依据，为茂名好心文化传播打开新思路。

第三节 创新价值

目前国内外关于跨学科研学的研究不少，但内容比较单一，侧重"游"而轻视"研"，研学对象大多以初中以上学生为主，而针对小学生的基于本土文化的研学课程资源的开发与设计，以及双师项目式研学课堂结构形态、研学评价体系的打造研究比较少。所以，本课题有效地弥补了这一研究空白点，具有创新价值和学术意义。

综上所述，本课题的研究是以科学的方法，有目的、有计划地探索教学规律的研究活动，是促进教学改革、提高教学质量的有效途径，是促进教师个人专业发展的有效途径。本课题具有较高的研究价值。

图4-3-1为师生正在开展研学活动。

图4-3-1

第五章
"小学语文+"跨学科研学实践策略

策略，即计策、谋略，一般指根据形势而确定的原则和方法。"小学语文+"跨学科研学实践策略，是在好心文化背景下，以"小学语文+"为核心，通过开展跨学科研学活动，培养学生的语文核心素养，提高学生语言文字的运用能力，强化学生实践动手能力、合作能力、创新能力的方式方法。

卢梭说过，一个人抱着什么目的去游历，他在游历中就会只获取同他的目的有关的知识。因此，做好研学实践的策略研究显得尤为重要。

在新课标的引领下，本章以小学一、二、三年级研学任务设计为例，阐明"小学语文+"跨学科研学实践研究的三大策略：与时俱进，潜心研读新课标；实地踩点，精心研制课程及方案；合作探究，齐心展示研学成果。

第一节　与时俱进，潜心研读新课标

一、关于新课标

2022年4月21日，教育部正式发布了《义务教育课程方案和课程标准（2022年版）》（以下简称《新课标》），16个课程标准相当于16个学科的"宪法"，在全国上下掀起了解读、学习的热潮。《新课标》为我们提出了新的丰富的总目标。作为教育工作者，我们必须树立认真负责的工作态度，始终以一颗真诚的心对待教育事业，以《新课标》为准则，深入领会《新课标》的精神，认真研读新教材，把握教材知识结构，不断学习，调整教学策略，更要清晰地知道自己所任教学科的"宪法"是什么，以免"以身试法"。通过学习，笔者发现了五个"一"。

一个转变：要把以前的"三维目标"概念转变为"课程核心素养"概念。制定学习目标时要围绕语文课程核心素养的四大方面，即文化自信、语言运用、思维能力、审美创造。教师必须在核心素养的大背景下学习新的知识，提高综合能力，以适应新的要求。

一个厘清：要厘清语文课程核心素养的架构图。以"文化自信"为首，是指要把引导学生认同中华文化摆在首位，这是价值观的培养。以"语言运用"为根，是指"文化自信""思维能力"和"审美创造"的培植都是为了给"语言运用"浇水施肥。语文学科的根脉是"语言运用"。

一个认同：要关注少年儿童对中华传统文化的认同感。把文化自信列在课程核心素养之首，是具有深刻的政治背景和深远的历史意义的。任何课程都包含文化，都是文化的载体，但是，要想让学生理解、热爱中华传统文化，建立自觉、自信的文化意识，语文课程无疑是最重要的阵地。作为一名语文教师，更加需要不断学习博大精深的中华文化，丰富自己的文化底蕴，引领学生认同中华传统文化之美，培养学生的文化创新意识，增强学生对中华优秀传统文化的责任感和使命感，让少年儿童在文化自知的基础上建立文化自信。文化是一个民族最重要的根，它影响着一个民族的未来和发展。因此，要想让学生喜欢我们的传统文化，不仅要浸润我们的传统文化，也要给学生营造一个学习传统文化的氛围，让他们在传统文化的熏陶下成长。

一个审美：要关注少年儿童的审美。审美鉴赏与创造教育能陶冶学生的情操、净化学生的心灵、积淀学生的艺术底蕴、提高学生的审美素养、塑造学生美丽的心灵。作为一名语文教师，除了要引导学生透过语言文字，观察、感知、领略、欣赏文字背后的一切美好，更要引导学生树立正确的审美观。作为一名语文教师，应该强化自身对美的感受与追求，以教材为基点，带领学生认识美、研读美、发现美、欣赏美、创造美，引导学生从小感受中华民族文字之美，提高鉴赏美的能力。

一个解读：要解读什么是"学习任务群"。学习任务群出现在"课程内容"中内容组织与呈现方式部分。这就告诉我们"学习任务群"是课程内容的组织与呈现方式。六个学习任务群，是在真实情境下，通过确定与语文课程核心素养生成、发展、提升相关的人文主题，组织学习资源，设计多样的学习任务，让学生通过阅读与鉴赏、表达与交流、梳理与探究的自主活动，自己去体验环境，完成任务，发展个性，增长思维能力，形成个人的语言运用系统。六个任务群与语文课程核心素养是呈网状结构的，体现了学习任务群追求语言、知识、技能、思想情感、文化修养等多方面、多层次目标发展的综合效应，而不是学科知识逐点解析、学科技能逐项训练的简单线性排列和连接。这必将是未来语文学科的一个重点研究方向。

二、"小学语文+"跨学科研学实践与《新课标》

《新课标》作为学科的"宪法"，是所有学科的教育教学行为都应该遵循的，是学科教学的"尚方宝剑"。"小学语文+"跨学科研学实践，应该以《新课标》的课程理念及课程目标为导向，以培养学生的语文核心素养、提高学生语言文字的运用能力为目标，以"学段要求""学习任务群"为抓手，拓展、整合、优化课内外资源。

下面是笔者梳理的以"学段要求""学习任务群"为抓手的二年级与开发"山阁老区"有关的课程标准的要求（表5-1-1、表5-1-2）。

表5-1-1

内容	学段要求
识字与写字	初步感受汉字的形体美
阅读与鉴赏	阅读浅近的童话、寓言、故事，向往美好的情境，关心自然和生命，对感兴趣的人物和事件有自己的感受和想法，并乐于与他人交流
表达与交流	能认真听他人讲话，努力了解讲话的主要内容。听故事、看影视作品，能复述大意和自己感兴趣的情节。与他人交谈，态度自然大方，有礼貌。积极参加讨论，敢于发表自己的意见
梳理与探究	1.观察大自然，热心参加校园、社区活动，丰富活动体验。结合语文学习，用口头或图文等方式整理、表达自己在活动中的见闻和想法。 2.对周围事物有好奇心，能就感兴趣的内容提出问题，结合其他学科的学习和生活经验交流讨论，尝试提出自己的看法
其他	关注中华优秀传统文化在日常生活中的体现，初步感受中华优秀传统文化的重要价值；初步懂得幸福生活是革命前辈浴血奋战、艰苦奋斗换来的，激发对革命领袖、革命家、英雄人物的崇敬之情

表5-1-2

学习任务群	内容	要求
基础型学习任务群	语言文字积累与梳理	诵读、记录课内外学到的成语、谚语、短小的古诗等，感受中华优秀传统文化，养成自主积累的习惯
发展型学习任务群	实用性阅读与交流	1.在革命遗址等社会场所中，学习认识有关标牌、图示、说明书等，了解公共生活规则，学会有礼貌地交流。 2.学习有关中华优秀传统文化的短文，将读到、听到、看到的故事讲给他人听

学习任务群	内容	要求
发展型学习任务群	文学阅读与创意表达	阅读并学习讲述革命领袖、革命英雄、爱国志士的童年故事，表达对他们的敬仰之情和想向他们学习的愿望
	思辨性阅读与表达	大胆提出生活学习中遇到的问题，通过阅读、观察等方式，积极思考、探究，乐于分享自己解决问题的方法
拓展型学习任务群	整本书阅读	阅读自己喜欢的童话书，想象故事中的画面，学习讲述书中的故事
	跨学科学习	围绕一定的主题，走进相关场所，学习汉字、说话、计算、设计，学习与他人沟通、交流，养成良好习惯

从以上两表可知，《新课标》倡导教师引导学生在语文实践活动中，链接课堂内外、学校内外，拓宽语文学习和运用领域，充分运用多学科知识发现问题、解决问题，从而提升语言文字的运用能力。

好心文化背景下"小学语文+"跨学科研学课程资源的开发，既响应了《新课标》的要求，又通过充分利用本土文化资源，以语文为中心进行跨学科的整合开发，弘扬了茂名的"好心精神"，提升了学生语文核心素养。

第二节　实地踩点，精心研制课程及方案

实地踩点，了解情况，确定位置，是开展研学活动前必修的一课，而且是非常重要的一课，踩点工作的成效直接影响研学课程的质量，是后期开展研学工作的重要保障。

一、踩点前

（一）定目标

明确课程教学目标，树立目标意识，对确定教学改革的措施和策略有非常重要的作用。教学目标是教学设计的重要环节，也是保证教学活动顺利进行的必要条件。任何学科在探索本学科的教学规律时，首先要解决的问题就是如何合理、科学地制定教学目标。教学目标贯穿于整个教学过程，具有明确的导向与调控功能，是教学设计与实践的出发点和归宿。基于新课标要求，语文课程要围绕学科核心素养，体现课程性质，反映课程理念来确立课程教学目标。

1. 研读课程核心素养——素养为领，四面结合

《新课标》提出，语文课程核心素养为文化自信、语言运用、思维能力、审美创造。课程教学目标要围绕这四个方面确定。其中文化自信、思维能力、审美创造都是以语言运用为基础的。因此，在课程目标的确定和设计上，我们更应立足于学生的语言基础和学习需求。同时，培养学生的综合文化素养，不仅要提高学生的语言能力，还要提高学生的审美素质和人文素养。

2. 研读课程总目标——素养立意，分类落实

《新课标》为我们提出了新的更加丰富的9个总目标。总目标是紧紧围绕语文课程核心素养来制定的，是对核心素养的类别化。具体见表5-2-1。

表5-2-1

序号	总目标	对应课程核心素养
1	在语文学习过程中，培养爱国主义、集体主义、社会主义思想道德，逐步形成正确的世界观、人生观、价值观	对应"立德树人"这一根本目标
2	热爱国家通用语言文字，感受语言文字及文学作品的独特价值，认识中华文化的丰厚博大，汲取智慧，弘扬社会主义先进文化、革命文化、中华优秀传统文化，建立文化自信	对应"文化自信"，侧重在语言实践活动中传承中华文化，建立文化自信
3	关心社会文化生活，积极参与和组织校园、社区等文化活动，发展交流、合作、探究等实践能力，增强社会责任意识。感受多样文化，汲取人类优秀文化的精华	对应"文化自信"，侧重在语言实践活动中关注当代文化及人类优秀文化，强调文化参与
4	认识和书写常用汉字，学会汉语拼音，能说普通话。主动积累、梳理基本的语言材料和语言经验，逐步形成良好的语感，初步领悟语言文字运用规律。学会使用常用的语文工具书，运用多种媒介学习语文，初步掌握基本的语文学习方法，养成良好的学习习惯	对应"语言运用"，侧重在语言实践活动中积累与梳理基本的语言材料和语言经验，感悟语言规律
5	学会运用多种阅读方法，具有独立阅读能力。能阅读日常的书报杂志，初步鉴赏文学作品，能借助工具书阅读浅易文言文。学会倾听与表达，初步学会用口头语言文明地进行人际沟通和社会交往。能根据需要，用书面语言具体明确、文从字顺地表达自己的见闻、体验和想法	对应"语言运用"，侧重阅读与交流表达
6	积极观察、感知生活，发展联想和想象，激发创造潜能，丰富语言经验，培养语感，提高语言表现力和创造力，提升形象思维能力	对应"思维能力"，侧重在语言实践活动中提升形象思维能力
7	乐于探索，勤于思考，初步掌握比较、分析、概括、推理等思维方法，辩证地思考问题，有理有据、负责任地表达自己的观点，养成实事求是、崇尚真知的态度	对应"思维能力"，侧重在语言实践活动中提升逻辑思维能力

序号	总目标	对应课程核心素养
8	感受语言文字的美，感悟作品的思想内涵和艺术价值，能结合自己的经验，理解、欣赏和初步评价语言文字作品，丰富自己的情感体验和精神世界	对应"审美创造"，侧重在语言实践活动中丰富审美体验
9	能借助不同媒介表达自己的见闻和感受，学习发现美、表现美和创造美，形成健康的审美情趣	对应"审美创造"，侧重在语言实践活动中促进审美创造能力的发展

3. 研读学段要求——任务为纲，板块递进

《新课标》设定了义务教育阶段语文课程四个学段的要求，这是对总目标的具体分化。学段要求根据六个学习任务群分类，进行归并，形成四个板块，分别是识字与写字、阅读与鉴赏、表达与交流、梳理与探究。分块表述后，《新课标》提出每个学段要立德树人、以文化人，进一步强调学段任务的育人为首的功能。

综上所述，学校各学段根据研学点的实际情况，按如下要求确定目标。

（1）文化自信目标：溯源茂名好心精神，弘扬茂名传统文化，培育好心少年，厚植学生热爱家乡、感恩家乡的情感。

（2）语言运用目标：根据学段要求及跨学科科目要求而定。

（3）思维能力目标：根据学段要求及跨学科科目要求而定。

（4）审美创造目标：根据学段要求及跨学科科目要求而定。

总之，语文课程核心素养是一个整体，其衍生出来的语文课程总目标和学段要求是一个既有关联又秩序清晰的整体，是课程实施、评价等高质量发展的标尺。

（二）定地点

通过网络信息、旅游公司及联系研学点负责人等多种途径，了解当地的人文景观和自然景观，初步遴选踩点地点。

二、踩点时

借助旅游公司的力量，组织学校部分领导及各学科组长、备课组长或骨

干教师实地走访，围绕研学目标，通过听、看、拍、问等多种形式记录相关资源信息，为研学地点的最终确定、学习内容的选择、学习任务单的设计以及安全地完成任务打下坚实的基础。

三、踩点后

根据实地走访记录的资源，基于研学点总目标，各学科组长、备课组长组织研讨，确定如下内容：梳理研学资源、细化研学目标、确定研学内容、制定研学手册、发布研学方案。下面以二年级"走进山阁老区，溯源好心精神"为例。

1. 梳理资源，细化目标

为了更好地设计"山阁老区"的"小学语文+"跨学科研学内容，提前实地踩点，寻找资源，确定哪些资源可以成为学习资源非常重要。为此，笔者带领团队进行实地踩点，对山阁镇的人文景观和自然景观进行了梳理，结果如下。

山阁镇位于茂南区的北部，距广湛高速公路茂名出口5公里，距茂名市区7公里。该镇是高州东部荔枝外运的重要通道，交通方便，基础设施齐全，治安良好，是历年来全国各地荔枝购销商交易的首选地。该镇日照充足，雨量充沛，四季温暖多雨，适宜森林生长和水果种植，生态资源丰富。

该镇人文景观突出：一有烧酒革命历史博物馆。可了解烧酒村如何通过"红色沃土，醉美烧酒"的品牌打造带领人民走上脱贫致富之路，探寻山阁人的好心精神。二有全国最大的高岭土生产基地——高岭土科技公司。可通过了解高岭土的"昨天""今天"和"明天"培养环保意识，学习高岭土匠人的好心精神。三有山阁温泉度假村。这里地理位置优越，环境舒适，依山傍水，交通十分便利。度假村拥有丰富的天然温泉资源，水温为56摄氏度，水中富含人体所需的多种矿物质和微量元素。这里是学生初步了解山阁镇水质的重要场所。"山阁老区"资源类型见表5-2-2。

表5-2-2

资源类型	内容	典型例子
自然景观	地质、地貌、水质等自然要素方面的资源	山阁镇在地质构造上属缓慢上升和较稳定的地区。多丘陵，适宜林木生长和发展水果种植业，生态资源丰富
人文景观	民族风俗、红色文化、工业、农业、交通和旅游等方面的资源	红色文化：烧酒革命历史博物馆。 旅游景区：山阁温泉度假村。 工业：全国最大的高岭土生产基地。 农业：荔枝、龙眼。 交通：该地交通方便，基础设施齐全，治安良好，是历年来全国各地荔枝购销商交易的首选地

梳理资源后，团队经过研讨，确定了二年级的研学目标。

（1）文化自信目标：溯源茂名好心精神，弘扬茂名传统文化，培育好心少年，厚植学生热爱家乡、感恩家乡的情感。

（2）语言运用目标：通过"小学语文+书法、数学、科学、音乐、美术"的学科融合，引导学生学会倾听，有礼貌地和别人分享交流，积累歌颂"醉美烧酒"革命烈士的优秀诗词。

（3）思维能力目标：通过小组分工合作完成学习任务单，并进行汇报交流，培养学生的联想想象、分析比较及归纳判断的能力。

（4）审美创造目标：通过泥塑活动，初步感悟汉字的形体美；通过参观"醉美烧酒"村，感悟社会主义新农村的风景美、人文美。

2. 制定手册，发布方案

根据确定的研学目标，踩点团队从研学资源中确定研学内容，根据课程设计原则，精心设计"小学语文+"跨学科研学任务单，编制研学手册。随后，学校与旅游公司签订合同，制订详细的研学方案，包含研前"双师"课程安排、研中教师分工安排、研后评比展示安排、安全应急预案等内容。

访沿江新乡村，溯好心之精神

——茂名市东湾学校2021—2022学年度研学活动方案（小学）

为大力溯源好心精神，拓展学生学习的空间，丰富学生的学习经历和生活体验，让学生能在研学的过程中陶冶情操、增长见识、体验自然和人文环境、提高学习兴趣、全面提升综合素质，经研究决定，结合我校实际情况，制订本研学活动实施方案。

一、领导小组

组　　长：卢春年。

副组长：陈振才、吕进智、廖雁。

组　　员：全体中层干部、级长、班主任、科组长。

二、活动主题

访沿江新乡村，溯好心之精神。

三、活动时间

2022年6月1—2日。

四、活动参加人员与地点

一年级全体师生：（好心湖畔）露天矿博物馆+好心林。

二年级全体师生：（山阁镇）烧酒革命历史博物馆+高岭土科技公司+远洋山水。

三年级全体师生：（根子镇）荔枝博览馆+贡园+观荔亭+桥头村。

五、活动步骤：

1.研学课程设计阶段：5月18—30日（负责部门：教研室）

（1）召开科组长会议，要求各科组针对研学主题与地点，收集历史、文化、建筑、饮食、农工业等方面的相关资料，并设计相关的活动内容（附2）。（谭海负责）

（2）收集相关科组表格，召开级长、科组长会议，整合内容，设计研学活动手册和学习任务单。（黎统全、李晓菲、张华露负责）

2. 踩点准备阶段：5月18—24日（负责部门：教研室、总务处）

（1）现场考察研学具体地点。

（2）公开、公正地选择有资质的旅行社，统筹公布活动详细计划和收费标准。

3. 宣传阶段：5月18—30日（负责部门：政教处、团委）

（1）对学生：各班班主任利用班会课向学生介绍什么是研学活动，宣传研学活动课程的必要性和重要性，以激发学生的兴趣和求学欲望。

（2）对家长：各班班主任统一利用短信或者电话的方式，告知家长活动的具体事项，让家长理解、放心，取得家长的支持。

4. 报名阶段：5月30日—6月1日（负责部门：政教处、总务处）

（1）各班做好报名人数统计以及收费等工作。

（2）各班按照名单做好分组，以10人为一个单位小组，选出小组长，活动期间实行小组统一行动以及小组点名制度。

（3）级组指导学生搜集、发放研学资料，先通过文字初步了解本次研学内容，有利于加深实践日感受。

（4）各班集中开会，告知学生活动安排及安全注意事项，进行安全、纪律、文明教育以及相关活动提醒。特别提醒以下内容：①告诫学生不带过多的钱和贵重物品；②教育学生注意乘车安全；③告知带队教师的联系方式；④告知遇险时的处理方式、求助方式；⑤穿校服、穿球鞋或旅游鞋；⑥讲究卫生，每人准备一个放置废物的袋子，活动过程中不乱扔垃圾；⑦懂礼貌，使用文明语言，听从指挥，活动时要静听讲解，不打闹喧哗。

（5）准备两面校旗、若干队旗等相关宣传物资。（吴茵娜负责）

（6）研学物资由蒋春美、黎统全负责汇总，报送卢焕忠主任购买。

5. 活动实施阶段：6月1—2日

（1）6月1日：各科教师采用双师课堂+网络直播的形式，分别对研学课程进行宣讲，并有针对性地布置研学任务。具体安排见附2。（教务处、教研室负责）。

（2）6月2日上午：在班主任、带队教师带领下（附3），小组展开研学活动，具体任务是制订安全应急预案（附4）、具体流程等。（政教处、总务处负责）

（3）6月2日下午：各小组写好研学成果报告或者感想，并挑选优秀成果进行展示；选出活动中各方面表现突出的学生（取10%左右）并给予表彰（附5）。（教务处、教研室、团少部负责）

（4）6月13日上午：一、二、三年级各派优秀小组在升旗仪式上展示成果。（教务处、教研室、团少部负责）

茂名市东湾学校

2022年5月24日

> **附1：**

茂名市东湾学校研学课程设计要求

一、课程设计原则

（1）开放性原则：充分利用校内外资源体现目标的多元性、内容的广泛性、时间空间的广域性、展示的多样性和评价的灵活性。

（2）整合性原则：以研学旅行资源及教学内容、方法和师资情况为基础，结合学生认知能力和社会实际整合开发课程，保证课程的实效性，实现课程的生成性。

（3）体验性原则：尊重学生主体地位，以人为本，以学生活动为主，突出体验实践，培养学生创新精神和实践能力，变知识性的课堂教学为发展性的体验教学。

（4）生活性原则：着眼于生活实际的观察视角，把学生从最简单熟悉的生活层面引领到更加广阔的社会生活舞台，加强教育的生活性，突出生活的教育化程度。

二、课程内容设计参考

（1）了解社会状况。通过研学旅行活动，了解当前社会迫切需要解决的现实问题，如交通、卫生、网络、饮食、环境、动植物保护等现实状况。

（2）探究学科问题。通过对物理、化学、生物、地理、数学、语文、英语、政治、历史、信息技术、体育、音乐、美术以及学科交叉知识的探究，发现一些值得研究的新问题。

（3）研学科技应用。在研学活动中，学习和研究科学技术在生活、生产实践和科学实践领域的应用，如环境保护、生态建设、节能、新能源的开发和利用、灾害预报等。

（4）加强文化熏陶。组织文化寻根活动，如参观纪念馆、档案馆、科技馆和博物馆等。

（5）普及国防知识。在研学活动中，学习军事知识，加强国防教育，参与军事训练，接受组织纪律教育，等等。

>> **附2：**

茂名市东湾学校研学课程教学安排

一、课程内容

【一年级】

1.语文+美术+音乐（教学设计融合负责人：郭亚廉）

（1）了解"先有露天矿，再有茂名市，茂名因油而生"的历史，了解"'南方油城'蜕变'滨海绿洲'，茂名向海而兴"的新战略，溯源"好心精神"。

（2）学唱红歌《咱们工人有力量》《好心之约》。

（3）树木、蓝天、湖水等的简笔画教学，人像的简笔画教学。

（4）学习如何介绍研学作品。

2.数学+科学（教学设计融合负责人：张华露）

（1）学习测量的方法。

（2）复习方向、位置。

（3）通过闻一闻、看一看、摇一摇了解水的特点，学习如何保护水资源。

【二年级】

1.语文+书法+音乐（教学设计融合负责人：简嘉苗）

（1）了解"红色沃土，醉美烧酒"的历史，溯源"好心精神"。

（2）学唱《没有共产党就没有新中国》《红星歌》。

（3）了解象形字的写法，学习在泥土上刻制有趣的象形字。

（4）学习如何介绍研学作品。

2.数学+科学（教学设计融合负责人：谭俏丽）

（1）学习看地图，辨别八个方向，利用线段法计算距离，学习估算字数。

（2）通过闻一闻、看一看、摇一摇了解水的特点，学习如何保护水资源。

【三年级】

1.语文+英语+音乐（教学设计融合负责人：张梅君）

（1）了解大唐荔乡贡园的荔枝文化、历史文化，溯源"中国巾帼英雄第一人"——冼夫人的"好心精神"。

（2）通过英文树名感受贡园荔枝名扬中外，了解荔枝产业，感受乡村振兴给茂名带来的变化。

（3）学会唱《荔枝颂》，进行爱茂名、爱家乡教育。

（4）通过观荔亭外墙的书法作品，了解一幅完整书法作品的要点。

2.数学+科学+美术（教学设计融合负责人：黎统全）

（1）学会看地图，通过地图估计两地间的距离。

（2）认识1平方千米的大小。

（3）了解荔枝文化。

（4）现场对荔枝进行写生，加深对荔枝的印象。

（5）通过闻一闻、看一看、摇一摇了解水的特点，学习如何保护水资源。

二、课堂模式

"双师"课堂+网络直播。

三、研学课程上课时间安排（表5-2-3）

表5-2-3

时间 5月31日（周二）	地点	主会场 班级	课程 内容	授课 教师	分会场 负责人
8：55—9：35	主会场： 阶梯教室； 分会场： 一年级各班 教室	一（12） 班	语文+美术+ 音乐	黄茵 何艺俊 赖思慧	一年级各班 语文老师
9：55—10：35		一（2） 班	数学+科学	林颖 周金平	数学老师及 班主任
10：45—11：25		各班教室	布置研学注意 事项（安全）	各班 班主任	—
8：55—9：35	主会场： 阶梯教室； 分会场： 二年级各班 教室	二（2） 班	语文+书法+ 音乐	简嘉苗 钟美燕 李晓菲	二年级各班 语文老师
9：55—10：35		二（3） 班	数学+科学	谭俏丽 黄应丽	数学老师及 班主任
10：45—11：25		各班教室	布置研学注意 事项（安全）	各班 班主任	—
8：55—9：35	主会场： 阶梯教室； 分会场： 三年级各班 教室	三（2） 班	语文+英语+ 音乐	张梅君 李欣欣 徐婷	三年级各班 语文老师
9：55—10：35		三（2） 班	数学+科学+ 美术	黎统全 车巧芸	数学老师及 班主任
10：45—11：25		各班教室	布置研学注意 事项（安全）	各班 班主任	—

四、主会场分工

（1）直播：侯海聪、黄光波、詹伟锋。

（2）会场布置、技术支持：谭海。

茂名市东湾学校学生研学活动小学带班分配见表5-2-4：

表5-2-4

班别	班主任	配班老师	摄影	带级领导
一（1）班	李金萍	赖思慧	罗斯亮	卢焕忠、卢新月、吴秋梅、李健华
一（2）班	林　颖	熊彩兰		
一（3）班	郭亚廉	岑春燕		
一（4）班	麦晓冰	何艺俊		
一（5）班	邹依珊	周金平		
一（6）班	车美欣	陈娴娴		
一（7）班	陈嘉丽	李成艺		
一（8）班	郑楚思	罗斯亮		
一（9）班	罗思敏	陈朝斌		
一（10）班	莫丽媚	江春红		
一（11）班	陈静娴	吴郁浩		
一（12）班	黄　茵	杨晓霞		
二（1）班	郑小红	刘梅娇	陈齐明	莫明东、周筱姬、李晓菲
二（2）班	谢广梅	梁华婷		
二（3）班	黄应丽	梁晓夕		
二（4）班	谭俏丽	江春梅		
二（5）班	柯小玲	易文炫		
二（6）班	林颖欣	朱婉华		
二（7）班	黄婵媛	陈桂秀		
二（8）班	邱家青	陈玉华		
二（9）班	简家苗	钟美燕		
三（1）班	李忠镇	车巧芸	李美莹	陈振才、廖雁、詹伟峰、黎统全、侯海聪
三（2）班	张梅君	徐　婷		
三（3）班	李欣欣	叶海萍		
三（4）班	杨明玉	陈冬梅		
三（5）班	刘淑贞	李美莹		
三（6）班	郑雅之	冯　志		
三（7）班	甘晓霖	许永清		

附4：

茂名市东湾学校学生研学活动安全应急预案

茂名市东湾学校以好心东湾的教育体系，开展为期一天的研学课程活动。为强化活动安全管理，增强带队教师、活动学生的安全意识，确保师生的人身安全和活动的顺利进行，在活动过程中，应急措施必须落到实处，以利于及时应变，特制订以下应急预案。

一、研学活动领导小组

组　长：卢春年。

副组长：陈振才、吕进智、廖雁。

组　员：郭曦、卢焕忠、莫明东、杨卡国、谭海、吴茵娜、詹伟锋、周筱姬、杨剑良、黎雪英（校医）、年级组长和各班班主任等。

二、各部门工作职责

政教处：

（1）制订安全预案。

（2）负责与活动承办单位协商安排研学活动日程、项目等相关事宜。

（3）召开研学活动安全工作会议。

（4）全程参与活动，处理活动中的突发事件。

（5）出发前，负责查询车辆状况和司机状况。

（6）派校医随队处理意外伤害。

（7）指导班主任做好学生的研学活动记录。

年级组：

（1）负责安排本年级各班的带队老师。

（2）指导、督促班主任做好报名、缴费、分组、安全教育、安全管理等事宜。

（3）通过召开家长视频会议等形式与家长沟通并保持联系，强化学生的安全意识和纪律观念。

（4）对本年级的一般性事务进行应急处理。

（5）对突发性事件，在上报后及时采取相应措施。

三、成立事故应急处理小组

组　长：廖雁。

副组长：谭海。

组　员：周筱姬、杨剑良、吴茵娜、黎雪英（校医）、年级组长和各班班主任等。

四、突发事件处理原则

（1）保持镇静、沉着应对原则。

（2）学生优先原则。

（3）就地抢救原则。

（4）报警、求援原则。

（5）维持秩序、迅速疏散原则。

五、应急反应措施

（1）活动前，要精心组织，事前开好随行教师安全会议和全体学生安全教育会议。

（2）行政领导、校医、全体任课教师随行。

（3）各年级负责教师带好随行教师联系单，以便联系。所有教师的手机必须处于开机状态。

（4）每辆旅游车必须安排带队教师，在学生上下车时带队教师要统一清点人数。

（5）每班学生要分成若干组，每组设组长，由一位任课教师带队，便于联系和组织。

（6）进入研学点后，各班班主任和任课教师观察学生情况。

（7）在进行研学活动时，带队教师要注意观察学生情况，及时制止不安全行为。

六、突发事件处理程序

（1）事故发生后，现场人员应主动负责做好应急处理并立即向带队领导报告，带队领导根据情况做出决定。

（2）若发生一般性事故，带队领导可根据情况自行进行解决，并进行记录；若发生重大事故，应立即上报给研学活动领导小组，同时组织人员进行抢救，以最快速度开展工作，并在第一时间通知学生家长。

（3）研学活动领导小组接到事故报告后，应根据事故情况尽快向公安、医院、旅行社等机构上报。

（4）在组织应急抢险过程中，以保证学生安全为首位。

（5）在事故处理结束后，相关人员写出书面报告，总结经验教训。

七、安全应急具体措施

1. 安全常规措施

（1）随车队配一名校级领导、一名校医。

（2）所有教师的手机必须处于开机状态，前一天必须检查手机话费余额状况，确保话费充裕。

（3）进入研学目的地后，班主任和跟车教师观察学生情况。

（4）分散自由活动时，要求学生几人一组，不要个别行动。

（5）每次转移活动地点及活动结束时必须清点人数，一个都不能少。

2. 车辆故障处理

（1）活动前要求承办方检查车辆车况，车况不良必须更换，否则不得发车。

（2）中途车辆故障：跟车教师及时把故障情况通知校领导和承办方；车辆发生故障会有安全隐患，一律停驶，由承办方紧急调车改乘。

（3）途中车辆失火：跟车教师应立即要求司机停车开门，用灭火器灭火，同时指挥学生下车，让他们不要惊慌，如火势较小，前部学生从前门下，后部学生从后部应急门下；如火势较大，可视情况破窗逃生。下车后，及时组织疏散，一名教师负责清点人数，一名教师负责及时向领导报告情况，如有学生受伤应立即组织抢救。

（4）换乘车辆时，带队教师要维持好学生秩序，严禁下车随意走动，尤其应防止交通事故发生。

3. 学生突发疾病、意外伤害

（1）如师生在途中突发疾病、意外伤害，随车带队教师应立即联系校医做处理或就近送医院诊疗。

（2）如师生在目的地突发疾病、意外伤害，带队教师应立即联系总指挥，视情况轻重由校医做处理，或送目的地医务站诊疗，病情严重的送当地医院急救。

4. 学生走失处理

（1）允许学生带手机，师生互留电话号码，以便电话联系。

（2）如发现学生走失，切不可大意、拖延，应立即就地寻找。

（3）从学生最后接触的同学入手，了解其最后行踪。

（4）电话通知其他带队教师关注寻找。

（5）利用广播等形式发寻人启事。

5. 交通事故处理

（1）有人员严重受伤应即刻拨打120、122，并立即组织抢救。

（2）迅速报告校领导，视伤情确定是立即送医院，还是紧急处理后送医院。

（3）保护好现场，指挥师生撤离至安全地点。

（4）向上级领导报告事故情况。

（5）安抚学生情绪，询问、检查学生受伤情况，受轻伤学生送医院检查、诊治。

（6）立即成立事故处理小组，分别负责家长、公安、医疗、保险等各方接洽工作，妥善处理相关事宜。

茂名市东湾学校

2022年5月24日

> 附5：

访沿江新乡村，溯好心之精神

——茂名市东湾学校2021—2022学年度研学活动展示活动方案

一、活动目的

围绕"访沿江新乡村，溯好心之精神"这一主题，将近日的研学成果进行展示。

二、时间

2022年6月7日上午8点至9点（三年级）。

2022年6月8日上午8点至9点（二年级）。

2022年6月9日上午8点至9点（一年级）。

三、地点

阶梯教室。

四、参加人员

对应年级师生。（教师、各班优秀小组到阶梯教室参加展示活动，其余同学在教室观看现场直播）

主持人：吴茵娜。

评　委：卢春年、陈振才、吕进智、廖雁、黎统全、李晓菲、张华露。

五、活动程序

（1）各班优秀小组成员按照班级顺序逐一上台展示。（将研学任务单、研学过程图片、视频等整理好，以PPT+实物展示+讲解+提问的形式展示，3～5分钟）

（2）评委评分。评分标准见表5-2-5。

表5-2-5

项目	评分标准	得分
现场讲解（30分）	逻辑严谨，说服力强，形式新颖，观点积极且有号召力和感染力，神情自然，手势与讲解融为一体，衔接自然。表达清晰流利，服饰大方、自然、得体	
展示内容（40分）	展示内容丰富，重点突出，详略得当，观点新颖	
幻灯片制作（10分）	排版美观，主题突出，配色方案、动画设计、切换效果、超链接及动作按钮等运用得当	
现场提问（10分）	回答提问思路清晰，论据充分，有说服力，能清晰表达自己的观点	
合作（10分）	小组成员之间分工具体、配合默契，每位成员都能完成自己负责的内容，讲解时，不光能陈述自己的观点，还能和组员、评委很好地沟通，产生一定的共鸣	
总分		

（3）统计老师统计分数，按照1：2：3的比例评出特等奖、一等奖、二等奖。

（4）主持人宣布结果，由卢春年、陈振才、廖雁、吕进智老师为获奖学生颁奖。

六、分工安排

（1）主持人：吴茵娜。

（2）奖状：莫明东。

（3）直播安排：导播——谭海、吴志萍；摄像——侯海聪。

（4）统计得分：黄光波。

（5）摄影：陈齐明。

（6）新闻稿：新闻中心。

茂名市东湾学校2021—2022学年研学活动展示得分表见表5-2-6。

表5-2-6

班别	组名	评委分数				总分	备注

评委签名：_____

统 计 人：_____

茂名市东湾学校

学生研学活动一年级展示活动方案

一、活动目的

围绕"漫步好心湖畔，溯源好心精神"这一主题，一年级进行学生研学活动展示活动。

二、活动时间

2022年6月2日下午2：30—5：00。

三、活动地点

各班教室+阶梯教室。

四、参加人员

一年级师生。

五、活动主持

学生主持。（郭亚廉负责）

六、活动流程

（1）班级内展示研学任务单，并挑选一个最优秀的小组。（4：00—4：10）（各班班主任负责）

（2）每班挑选优秀学生和优秀小组，在阶梯教室，按照1班到12班的顺序，展示优秀小组的研学任务单，其余学生在教室观看直播。（4：10—4：50）

（3）选出最优秀的小组作品。（评委奖+人气奖）

（人气奖投票安排：每班7票，每班派7名学生，轮流投票，不准投自己的班级；所有带班教师每人2票）

七、分工

（1）主持稿：郭亚廉。

（2）评委：卢新月、岑春燕、陈娴娴、杨晓霞、江春红（汇总统计）。

（3）人气奖票+票格安排：吴茵娜、卢新月。

（4）控场：吴茵娜、谭海。

（5）摄影：陈齐明。

（6）新闻稿：黄茵。

（7）直播：吴志萍。

（8）摄像：侯海聪。

（9）奖品统筹：卢焕忠。

茂名市东湾学校

2022年5月25日

茂名市东湾学校
学生研学活动二年级展示活动方案

一、活动目的

围绕"走进山阁老区，溯源好心精神"这一主题，二年级进行学生研学活动展示活动。

二、活动时间

2022年6月2日下午2：30—5：00。

三、活动地点

烧酒革命历史博物馆。

四、参加人员

茂名市东湾学校二年级师生（约429人）。

五、活动主持

学生主持。（柯小玲负责）

六、活动流程

（1）共同完成研学任务单。（2：30—4：00）（各班主任负责）

（2）班级内展示研学任务单，并挑选一个最优秀的小组。（4：00—4：10）（各班主任负责）

（3）按照1班到9班的顺序，展示优秀小组的研学任务单。（4：00—4：50）

（4）选出最优秀的小组作品。（评委奖+人气奖）

（人气奖安排：每班6票，每班派6名学生，轮流投票，不准投自己的班级；所有带班教师每人2票）

七、分工

（1）主持稿：邱家青、谢广梅。

（2）前期布置好班级和阶梯教室（用于制作和展示）：谭海、李晓菲。

（3）场地的划分：李晓菲（带红色绳子、夹子、台牌）。

（4）评委：陈桂秀（汇总分数）、廖雁、李晓菲、莫明东、江春梅。

（5）人气奖票+票格安排：易文炫。

（6）控场：李晓菲、刘梅娇。

（7）摄影：美术老师。

（8）新闻稿：简嘉苗。

茂名市东湾学校
2022年5月24日

茂名市东湾学校
学生研学活动三年级展示活动方案

一、活动目的

围绕"走进大唐荔乡，溯源好心精神"这一主题，三年级进行学生研学活动展示活动。

二、活动时间

2022年6月2日下午8：30—16：00。

三、活动地点

（根子镇）荔枝博览馆、贡园、观荔亭。

四、参加人员

茂名市东湾学校三年级师生（约348人）。

五、活动主持

学生主持。（张梅君负责）

六、活动流程

（1）共同完成研学任务单。（2：30—4：00）（各班主任负责）

（2）班级内展示研学任务单，并挑选一个最优秀的小组。（4：00—4：10）

（各班主任负责）

（3）按照1班到7班的顺序，展示优秀小组的研学任务单。（4：10—4：50）

（4）选出最优秀的小组作品。（评委奖+人气奖）

（人气奖安排：每班6票，每班派6名学生，轮流投票，不准投自己的班级；所有带班教师每人2票）

七、分工

（1）主持稿：张梅君，杨明玉。

（2）前期布置好班级和阶梯教室（用于制作和展示）：谭海、黎统全。

（3）场地的划分：黎统全。

（4）评委：黄光波（汇总分数）、廖雁、黎统全、李美莹、车巧芸。

（5）控场：詹伟锋、黎统全。

（6）摄影：李美莹、各班班主任、各科任教师。

（7）新闻稿：张梅君、杨明玉。

（8）奖品提供：学校。

茂名市东湾学校

2022年5月24日

例2：小学一至三年级研学任务单

【一年级】"走进好心湖畔，溯源好心精神"研学任务单

rèn wu yī　　zǒu jìn lù tiān kuàng bó wù guǎn　liǎo jiě　　xiān yǒu lù tiān kuàng　zài yǒu mào míng shì

任务一：走进露天矿博物馆，了解"先有露天矿，再有茂名市，

mào míng yīn yóu ér shēng　　de lì shǐ　　sù yuán hǎo xīn jīng shén　　yǔ wén　yīn yuè

茂名因油而生"的历史，溯源好心精神。（语文+音乐）

mào míng yǒu yì zhǒng kě yǐ rán shāo de shí tou　　míng zi jiào　　　　zhè zhǒng shí tou kě

1. 茂名有一种可以燃烧的石头，名字叫（　　　），这种石头可

yǐ tí liàn chū

以提炼出（　　　）。

zài　　shí huà kē pǔ guǎn zhōng　　nǐ fā xiàn yòng shí yóu kě yǐ shēng chǎn chū

2. 在"石化科普馆"中，你发现用石油可以生产出（　　　）、

děng dōng xi

（　　　）、（　　　）等东西。

A. sù liào píng 塑料瓶   B. xié zi yī fu 鞋子、衣服

C. zhuō zi 桌子   D. jiànzhù cái liào 建筑材料

lǎo yí bèi shí yóugōngrén zuòwéi màomíng de tuòhuāngniú tā men de jīngshen zhí
老一辈石油工人作为茂名的"拓荒牛",他们(　　)的精神值

dé wǒmen xué xí zhè bú zhèngshì wǒmen màomíng de hǎoxīn jīngshenma
得我们学习。这不正是我们茂名的好心精神吗?

ràngwǒmen yì qǐ chànghóng gē sòngdǎng ēn zánmen gōngrén yǒu lì liàng
让我们一起唱红歌,颂党恩——《咱们工人有力量》。

rèn wu èr qǐng nǐ gēn jù bó wù guǎn èr lóu zhǎn shì de zhōngguó yóu qì tián fēn bù tú jìn xíng
任务二:请你根据博物馆二楼展示的"中国油气田分布图"进行

xuǎn zé tián xù hào yǔ wén shùxué
选择(填序号)。(语文+数学)

zài zuì xià miàn de shì
1. 在最下面的是(　　)。

sì chuān yóutián   nán hǎi yóutián   dōng hǎi yóutián
A. 四川油田   B. 南海油田   C. 东海油田

hé nán yóutián de shàngmiàn shì yóutián
2. 河南油田的上面是(　)油田。

zhōngyuán yóutián   jiāng sū yóutián   jiānghàn yóutián
A. 中原油田   B. 江苏油田   C. 江汉油田

jiāng sū yóutián zài hé nán yóutián de miàn
3. 江苏油田在河南油田的(　　)面。

shàng   xià
A. 上   B. 下

zuǒ   yòu
C. 左   D. 右

shěng zuì kào jìn nán hǎi yóutián
4. (　　)省最靠近南海油田。

guǎngdōng   guǎng xī   hú běi
A. 广东   B. 广西   C. 湖北

rèn wu sān màn bù hǎoxīn hú pàn zǒu jìn hǎoxīn lín liǎo jiě nánfāng yóuchéng tuì biàn
任务三:漫步好心湖畔,走进好心林,了解"'南方油城'蜕变

bīnhǎi lù zhōu màomíng xiàng hǎi ér xīng de xīn zhànlüè tàn xún hǎoxīn jīngshén yǔ wén měishù
'滨海绿洲'茂名向海而兴"的新战略,探寻好心精神。(语文+美术

yīnyuè shùxué
+音乐+数学)

màn bù hǎoxīn hú pàn zǒu jìn hǎoxīn lín nǐ néng tián shàng hé shì de cí yǔ kuā kuā wǒmen de
1. 漫步好心湖畔,走进好心林,你能填上合适的词语夸夸我们的

jiā xiāngma
家乡吗?

参观博物馆后，我们了解到好心湖以前是一个废弃的大矿坑，垃圾成堆，烟尘滚滚，是城市的"伤疤"。如今的好心湖被称为茂名的"马尔代夫"，是我们休闲的好去处。这里有（　　）的树木，有（　　）的花朵，有（　　）的湖水，有（　　）的鸟儿，有（　　）的天空。

你能将这美丽的景象画下来吗?让我们一起动手画一画吧!

2. 昔日"南方油城"，今日"滨海绿洲"。山海并茂，好心闻名，茂名再出发。让我们一起唱响《好心之约》吧。

3. 前年春天，我们学校在好心湖畔捐种了26棵好心之树，它们现在已经慢慢长大啦!请你们组任选一棵测量一下它的腰围吧。

我们测量的是（　　）号树，它的腰围是（　　）厘米。我们可以知道这是一棵（　　）的树木，它的叶子是（　　）的。

任务四：请你们取一壶好心湖的水，仔细观察并回答问题。（语文+科学+综合实践）

1. 判断，请你打"√"或"x"。

① 看一看，你发现水有颜色吗? （　　）

② 闻一闻，你发现水有气味吗? （　　）

③ 摇一摇，你发现水浑浊吗? （　　）

2. 为了保护好心湖的水资源，我们可以怎么做? 你想到了几点? 请简单写一写，不会写的字用拼音代替。

_____

_____

任务五：写上本团队的口号并画上每位队员的画像。（语文+美术）

【二年级】"走进山阁老区，溯源好心精神"研学任务单

任务一：走进烧酒革命历史博物馆，了解"红色沃土、醉美烧酒"，溯源好心精神。（语文+音乐）

1. 通过参观学习，我们小组知道了"茂南抗日英雄烈士"有（　　　　）、（　　　　　）、（　　　　）、（　　　　）和（　　　　）等。

2. 在纪念馆里，我们小组还听了《　　　　　》《　　　　　》和《　　　　　》等革命故事。听了这些故事，我们明白了茂南英雄们的（　　　　　　　　）精神，这也是革命先辈的"茂名好心精神"。

3. 没有革命先辈的牺牲，我们就不会有幸福的生活，没有共产党就没有新中国。让我们一起唱红歌——《没有共产党就没有新中国》《红星歌》，感党恩。

任务二：在烧酒革命历史博物馆里面找到图5-2-1所示区域，估计红色方框内大概有多少字。请写出你们小组的估算依据。（语文+数学）

图5-2-1

_____

_____

_____

_____

_____

任务三：走进高岭土科技公司老厂房，观察高岭土，完成下列填空。（语文+书法）

1. 高岭土的颜色为（　　　），高岭土俗称（　　　）土或（　　　）土。

2. 高岭土用于制作（　　　）、（　　　）、（　　　）等。

3. 我们可以用高岭土刻制有趣的象形字，写出我们刻制的5个象形字。

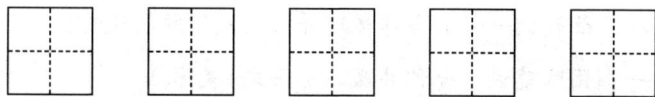

任务四：请认真观察茂名地图，回答下面的问题。（语文+数学）

1. 茂南区山阁中心小学在东湾学校的（　　　）方向。

2. 东湾学校在茂南区山阁中心小学的（　　　）方向。

3. 广东石油化工学院在东湾学校的（　　　）方向。

4. 如果东湾学校距离广东石油化工学院直线1千米，茂南区山阁中心小学距离东湾学校直线大约为（　　　）千米。

任务五：请你们取壶山阁镇段小东江的水，仔细观察并回答问题。（语文+科学）

1. 判断：

（1）看一看，你发现水有颜色吗？

（2）闻一闻，你发现水有气味吗？

（3）摇一摇，你发现水浑浊吗？

2. 为了保护小东江的水资源，我们可以怎么做？请简单地写一写，不会写的字可以用拼音代替。

任务六：写上本团队的口号，画上每名队员的画像。（语文+美术）

【三年级】"走进大唐荔乡，溯源好心精神"研学任务单

走进大唐荔乡，溯源好心精神。

同学们，苏子有诗："日啖荔枝三百颗，不辞长作岭南人。"结束了荔乡实践之旅，让我们一起来合作梳理并汇报我们的收获吧！

任务一：团队建设，合作共赢。（语文+美术）

为你的团队起一个好听的名字，并为团队起一个响亮的口号。

我们的队名：_____

我们的口号：_____

为团队设计一个醒目美观的队徽，并为团队成员画上画像或贴上大头照。

我们的队徽：_____

我们的自画像：_____

任务二：初识荔枝，揭开面纱。（语文+数学）

请同学们从下面的内容中提取信息填空。

2018年，茂名获批创建国家现代农业产业园。产业园以荔枝为主导产业，种植面积约240平方千米①，占全市种植面积的1/3以上，共涉及高州、茂南和电白的11个乡镇206个行政村②。根子镇因荔枝种植面积最大、品种最多、成熟最早、品质最好、产量最高而被称为"中国荔枝第一镇"。（语文+数学）

1. 茂名产业园主要以（   ）为主导产业，分布在（   ）、（   ）和（   ）的11个乡镇206个行政村。（   ）镇被称为"中国荔枝第一镇"。

2. 若1平方千米=100万平方米，根据横线①可知，茂名荔枝种植面积约（   ）万平方米。茂名体育中心足球场面积约为8000平方米，由此可见，茂名种植荔枝面积有（   ）个茂名体育中心足球场那么大。

任务三：走进"贡园"，探寻历史。（语文+数学+英语+美术）

1. 2020年，中国荔枝产业大会在高州市根子（　　　　）举办。

2. 贡园门口有一副对联：一骑红尘妃子笑，缘是茂名荔枝来。这是根据哪两句诗改编的？（　　　　），（　　　　）。你还积累了哪些描写岭南荔枝的诗句？请选择两句写下来：（　　　　），（　　　　）。

3. 贡园里最令我们惊讶的一棵树是（　　　　），因为（　　　　），它的品种是（　　　　），它的树龄约（　　　　）年。

4. 贡园里有一棵树叫"汉俚同根"，相传有一个动人的故事，故事的主人公是汉族的（　　　　）和俚族的（　　　　），其中"中国巾帼英雄第一人"——（　　　　）的"（　　　　）精神"在茂名代代相传。"汉俚同根"已有800年树龄了，800年等于（　　　　）个月，约（　　　　）天。

5. 贡园里的很多老树都有个有趣的名字，中文名字下方都用英文翻译出来了，如："汉俚同根"的英文是（　　　　），"荔王"的英文是（　　　　）。结合本学期学过的句型，运用"荔枝"这个单词写英文句子，至少两个句子。（可参照M2、M3、M4课文句子）

_____

_____

_____

_____

6. 请观察一棵老树的特征和形态，小组集体现场进行荔枝树写生活动。

任务四：登亭远眺，畅想荔乡。（语文+书法+音乐）

1. 2000年，江泽民在观荔亭前亲手种下一棵荔枝树，取名（　　　　）。

2. 在观荔亭一楼的外墙上，有一首写荔枝的古诗《岭南荔枝词》。这首诗告诉我们：茂名唐代名人（　　　　）送给杨贵妃吃的荔枝是我们高州贡园的荔枝。

3. 这是一幅书法作品，请仔细欣赏，它和我们现在的书写习惯有什么不同？请分点写下来。

1999年夏立兵书阮元《岭南荔枝词》，如图5-2-2所示。

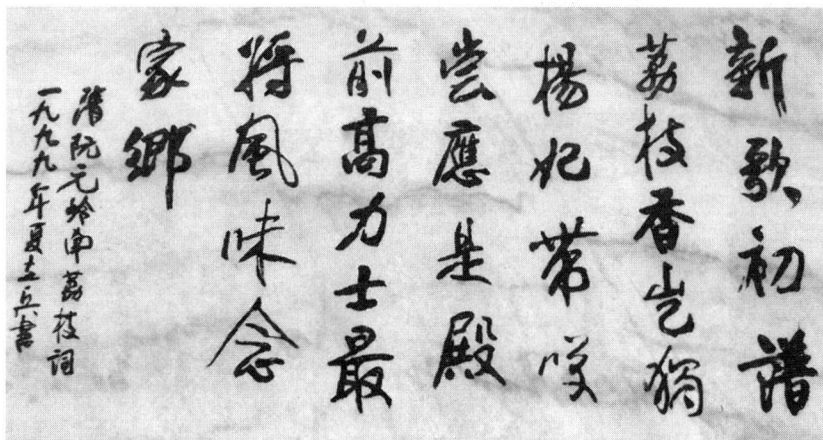

图5-2-2

_____

_____

_____

4. 著名粤剧演员红线女的一首《荔枝颂》曾唱响南粤大地，此刻，登上观荔亭，让我们再次唱响这首经典粤曲，同时做几个粤剧的动作。

任务五：走进元坝，乡村振兴。（语文+科学+综合实践）

1. 用矿泉水瓶取一瓶小东江的水。如果水中有杂质，你可以用什么方法过滤去除杂质？说说你的方法并进行净化水实验。

_____

_____

2. 据说全球每10颗荔枝就有1颗来自高州，元坝村的荔枝也远销世界各地，元坝村由此走上了乡村振兴之路。但荔枝的保鲜是一大难题。古人使用竹筒保鲜荔枝进行运送，现在人们使用什么方法保鲜荔枝进行运送？请同学们结合所学知识设计一种方便保鲜荔枝的方案或小制作。

_____

_____

3. 下图（图5-2-3）是元坝村一个卫生间门前的一副对联，上联是（　　　　），下联是（　　　　），横批是（　　　　）。

你觉得这副对联妙在哪里？谈谈看法。

图5-2-3

_____

_____

_____

_____

茂名，皇家荔枝贡园所在地，岭南圣母"好心精神"之源，一串荔枝，一份好心，串起千年之缘。我们的研学之旅至此画上圆满句号，但我们的关注和我们的热爱却不会停止！

上述研学内容的设计体现了两大突破：首先，突破学习空间。提高学生的语文核心素养不再仅仅是通过课堂上纸上谈兵，而是需要走出门去学习他们所能看到、触摸到和感受到的真实事物，提高他们的兴趣和热情，培养他们的综合素养。其次，打破学科边界。打破学科界限，进行超越边界的探索和表达，使学生在真实的语言环境中学习和积累语言、发展思维、提高素质、形成自觉的审美意识。

第三节　合作探究，齐心展示研学成果

经学校严密组织，在教师的带领下，历经1天的实地探究，各小组进入了最后的整理、展示、评价阶段。俗话说：三个臭皮匠，顶个诸葛亮。真正考验各小组自主、合作、探究能力的时刻就是成果展示汇报阶段。

首先，各班组织小组进行分组汇报，并票选出第一名的小组。同时，每个同学根据研学手册里"研后评价"的标准和要求，进行自评、小组评，全部为"A"等级的同学被授予"我是研学小标兵"称号。

然后，在学校的组织下，各班第一名的小组参加年级的展示比赛，并制作PPT辅助讲解。年级其他同学通过网络观看直播。于是，各班同学在班主任和家长的协助下，八仙过海各显神通，分工合作，献上了一场精彩的研学盛宴。

一、家长在朋友圈这样说

附上照片：（图5-3-1）

梁乐乐

很有意义的研学活动 孩子们上周参加完研学活动之后，班级先进行分组进行汇报，老师组织孩子集合各个小组汇报的亮点进行整合，设计队徽，了解史料，联系自己学过的知识点（三角形），写稿，制作ppt......全程由孩子们自己制作，家长只作辅助。然而在短短不到一周时间里对于八个孩子来说最大的挑战还是在于互相配合！就在昨晚比赛前一晚，老师组织了线上排练之后，几个孩子又自发地连线排练了好几次，互相指出缺点，提出要求......看着他们那股认真劲，作为妈妈，内心真的觉得无比自豪，这些孩子啊比我们那个时候强多了！当时我心想：无论结果如何，他们在活动中有了真实的体验，学会了合作与担当，这是最大的收获了！

今天从赛场上传来了好消息，他们的"红色种子队"获得了特等奖！相信孩子们接过奖状的一刻更能明白到一分耕耘，一分收获吧！感谢黄老师的辛勤付出！恭喜可爱的孩子们！

评论　发送

（a）

琪琪

"漫步东湾校园 探寻好心之源"研学活动顺利开展 中午妞回来说："妈妈，某某同学嫌弃她的组员都是调皮的，不认真，作品都要她自己独立完成""那你那组呢？""我组虽然某同学上课有时不认真，但是今天我鼓励他，教他一起完成，所以我们5个合作很愉快，作品✅很好，应该能拿奖哦，老师教了，对组员诚心相待，互相学习，就能一起完成的，我们做到了"
今天这次研学路看来你收获满满，不错

评论　发送

（b）

柯柯

这群娃太棒了 以前我们上学的时候叫春游，现在孩子们的叫研学，我们以前就记得吃喝玩乐 现在孩子们是玩中学，学中玩，玩回来还能把玩过的，看到的，学到的内容分析得那么透切

茂名·不负期望一等奖
2022年6月17日上午9:36 视频号·东... 删除

（c）

琪琪

实力如队名"无敌"啊，收获了一枚只有特等奖才能得到的学校专设胸徽，马上佩戴了一天，荣誉感满满

2020年7月20日 19:14 删除

（d）

（e）

（f）

（g）

图5-3-1

二、老师在朋友圈这样说

附上照片：（图5-3-2）

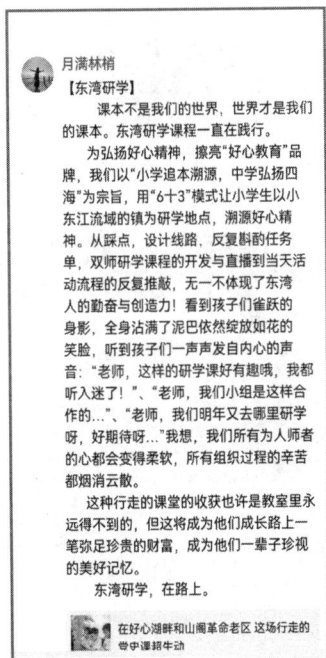

（a）

（b）

（c）

（d）

（e）

（f）

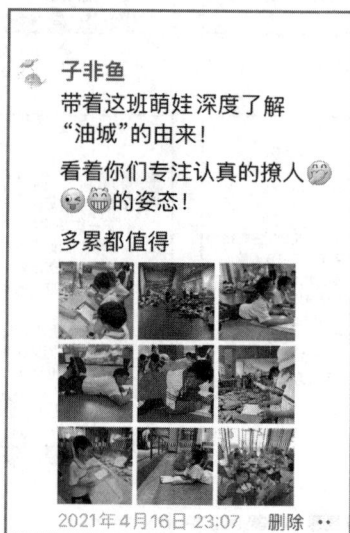

（g）

图5-3-2

第六章

好心文化背景下"小学语文+"跨学科德育研学实践策略

德育，指培育学生的道德品质；课程，指学生在校期间所学的内容的总和及进程安排。德育课程指的是基于培育学生的良好道德品质而设定的学习内容总和及安排。当学校的所有德育活动都形成了课程，这样的德育工作才是有生命力的，才是对学生的成长有意义的。

目前，不少学校的德育工作欠缺"课程意识"，不成体系，主要表现在如下几个方面：一是没有明确的德育目标，二是没有明确的德育内容，三是没有明确的德育途径。这些学校因为缺少了这些基本的的精神内核，所以形成不了德育课程。大多数的学校都是处于这样的一种状态：头痛医头，脚痛医脚，每天都是在"打地鼠"模式中焦头烂额。

笔者认为，要真正落实立德树人的根本任务，各学校基于2017年教育部颁布的《中小学德育工作指南》形成校本德育课程并有效实施非常必要。

下面以"微风德育"研学课程的开发实践为例，谈谈德育课程建设的现实意义与具体建设途径及实施策略。

第一节　关于德育研学的内涵、现状与意义

《中小学德育工作指南》中对德育工作目标、德育活动的组织与开展，进行了明确的目标定位与清晰的策略表述，而以立德树人、培养人才为根本目的的研学旅行，跟学校德育活动的主旨一样，均是为了促进学生良好品德的形成，为了促进学生的健康成长。因此，研学旅行活动的开发与设计，要主动寻求两者的融合点，将研学旅行活动与学校班会、少先队活动等的实施结合起来，互相借鉴、互相渗透、整合推进。王仕民对德育功能的内涵是这样解释的：德育功能是德育系统内部诸要素之间以及系统与环境之间相互作用时所产生的结果。杨鹏认为，学生在研学旅行中以集体的形式进行活动，在"游"和"学"中相互支持、交流和帮助，一起面对和解决疑难问题，在为同一个目标而奋斗的过程中，增强集体主义意识，增强聚合力和众心力。徐明波认为，研学旅行是培育中小学生集体主义观念、团队合作意识和公共道德品质的重要途径。目前，针对中小学生研学旅行德育功能内容这一方面的研究还较少，缺乏对于中小学生研学旅行德育功能内容的直接界定。我们以中小学研学旅行德育意义为基础，提炼出对德育研学内容的理解：德育研学可以帮助学生增强团队凝聚力，培育学生集体观念，增强学生身份认同感和民族归属感。

我校课题组构建了符合小学一年级至初中三年级学生实际、与学科有机结合的德育教育课程体系，并将研学旅行纳入校本德育课程建设。研学活动采取小组自主考察与集体活动相结合的形式，在活动中注重情境濡染、启智润德、践行内化。从德育课程的角度来看，"双减"背景下"微风德育"研

学课程的开发探索，旨在在引领学生主动建立新的经验系统的同时，引导学生自主建立合作共生的交往系统，从而落实立德树人的根本任务。

该项目具有学术意义和应用意义。

一、学术意义

"微风德育"研学课程的开发具有前瞻性和探索意义，其创新了德育研学课程教学的形式，开发了具有针对性的德育研学校本课程，完善了评价体系，并在学校德育课程体系的构建层面上，提供了相应的切实可行的方法和措施，促进了学校德育校本课程体系的构建与完善。

二、应用意义

"微风德育"研学课程的开发，在现实中是极具应用价值的，它不仅能提高教育质量，而且能促进学生的成人与成才，影响学生的身心发展和人生道路的拓展。

1. 对学生而言

研学中方式多样的德育实践活动增强了学生的社会责任感、创新精神和实践能力，让学生从小厚植热爱家乡、感恩家乡的情怀，促进其社会主义核心价值观念的形成，让学生坚定理想信念，树立正确的世界观、人生观和价值观。

2. 对学校而言

"微风德育"研学课程的开发是对课程体系的深化与补充，"微风德育"研学课程体系的实践研究，不仅提高了学校教学质量，有助于达到"立德树人"的目的，还是打造学校特色品牌的有效途径，利于新形势下学校德育教学工作的开展。

3. 对社会而言

"微风德育"研学课程的开发为旅行公司协助组织德育研学活动提供了系统性、完备性的操作策略，为教育系统推广德育研学活动提供了可行的决策支撑，为教育研究者的研究工作提供了有价值的参考或依据，为茂名"好心文化"的传播开辟了新途径。

第二节 德育研学的内容与策略

一、总体框架

课题组在"双减"大背景下以"立德树人"为根本任务，以学习和传扬本土"好心文化"为宗旨，在"微风德育"理念指引下，以系列主题活动为载体，切实减轻学生的课业负担，培养学生的自主、合作、探究的综合素养，进行研学德育课程的整体开发研究，促进研学与学校课程、德育体验、实践锻炼有机融合，形成具有本土特色的研学德育课程体系，如图6-2-1所示。

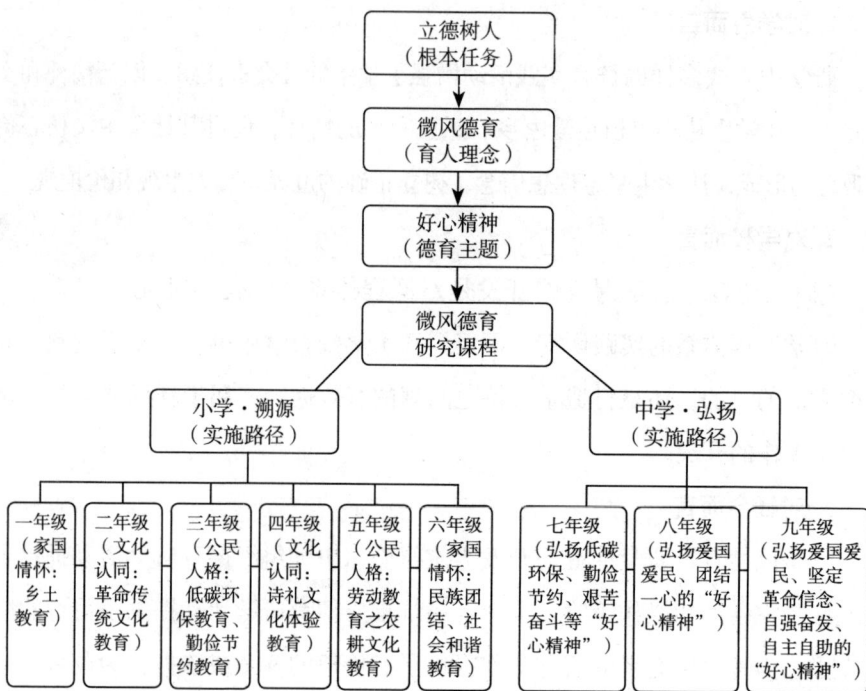

立德树人
（根本任务）

微风德育
（育人理念）

好心精神
（德育主题）

微风德育
研究课程

小学·溯源
（实施路径）

中学·弘扬
（实施路径）

一年级
（家国情怀：乡土教育）

二年级
（文化认同：革命传统文化教育）

三年级
（公民人格：低碳环保教育、勤俭节约教育）

四年级
（文化认同：诗礼文化体验教育）

五年级
（公民人格：劳动教育之农耕文化教育）

六年级
（家国情怀：民族团结、社会和谐教育）

七年级
（弘扬低碳环保、勤俭节约、艰苦奋斗等"好心精神"）

八年级
（弘扬爱国爱民、团结一心的"好心精神"）

九年级
（弘扬爱国爱民、坚定革命信念、自强奋发、自主自助的"好心精神"）

图6-2-1

二、基本内容

基于以上总体框架，课题组将对"开发研学校本教材""探索有效实施策略"两大基本板块进行并轨研究，如图6-2-2所示。

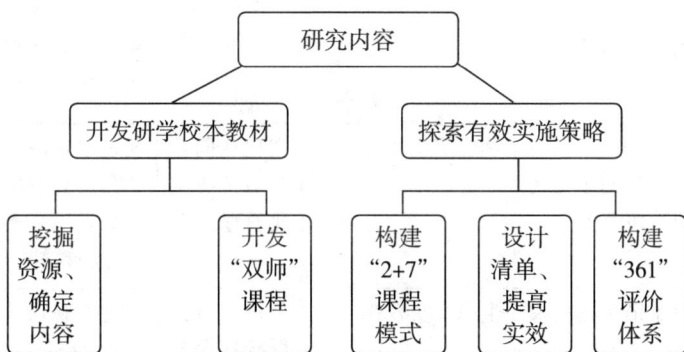

图6-2-2

（一）开发"微风德育"研学校本教材

1. 挖掘"微风德育"乡土研学课程资源，确定基于"好心文化"的德育内容

结合《中小学德育工作指南》《中小学综合实践活动课程指导纲要》，参照《新课标》六大核心素养的总体培养目标，我校作为九年一贯制学校，以"小学追本溯源，中学四海弘扬"为指导思想，基于本土"好心文化"设计研学课程内容与主题，每学期确定一个星期为"研学周"，根据学科融合确定研学内容和任务单，编写研学教材。小学阶段挖掘以乡土乡情为主题的研学资源，特别是挖掘茂名母亲河小东江流经的乡镇的"好心文化"资源。中学阶段挖掘以小东江流向的海湾为主题的研学资源，传扬茂名的"好心精神"。根据茂名小东江的流域，确定如下9个研学地点及基于"好心文化"的德育主题及内容，如表6-2-1所示。

表6-2-1

年级	研学地点	《中小学德育工作指南》德育内容	具体主题	好心精神
一年级	茂名露天矿生态公园（好心湖、茂名露天矿博物馆、好心林）	生态文明教育	家国情怀：乡土教育	通过对比露天矿坑的旧貌与新颜，了解茂名的前世与今生，进行乡土教育，溯源艰苦奋斗、热爱家乡的"好心精神"
二年级	山阁镇（白泥厂、烧酒革命历史博物馆）	理想信念教育	文化认同：革命传统文化教育	通过参观白泥厂及烧酒革命历史博物馆，溯源爱国爱民、英勇无畏的"好心精神"
三年级	根子镇（荔枝文化、元坝村）	生态文明教育	公民人格：低碳环保教育、勤俭节约教育	通过参观荔枝文化主题公园及社会主义新农村，溯源低碳环保、勤俭节约、自力更生的"好心精神"
四年级	分界镇（龙眼文化、杏花村）	中华优秀传统文化教育	文化认同：诗礼文化体验教育	通过了解龙眼文化及参观杏花村，溯源诗礼传家的"好心精神"
五年级	谢鸡镇（丁颖荔枝森林公园）	中华优秀传统文化教育	公民人格：劳动教育之农耕文化教育	通过参观丁颖荔枝森林公园，开展农耕文化劳动教育，溯源热爱劳动的"好心精神"
六年级	长坡镇（玉湖、高粱旧城）	社会主义核心价值观教育	家国情怀：民族团结、社会和谐教育	通过参观玉湖、高粱旧城，溯源民族团结、社会和谐的"好心精神"
七年级	茂名湾区（冼夫人故里、粤丰环保电力有限公司、垃圾分类处理中心、水东湾大桥）	生态文明教育、中华优秀传统文化教育	弘扬低碳环保、勤俭节约、艰苦奋斗等"好心精神"	—

年级	研学地点	《中小学德育工作指南》德育内容	具体主题	好心精神
八年级	湛江湾区（广州湾法国公使署旧址、渔港公园、军史馆）	社会主义核心价值观教育、理想信念教育	弘扬爱国爱民、团结一心的"好心精神"	—
九年级	粤港澳大湾区（陈白沙纪念馆、梁启超故居、江门碉楼群）	理想信念教育、心理健康教育	弘扬爱国爱民、坚定革命信念、自强奋发、自主自助的"好心精神"	—

2. 开发"微风德育""双师项目式"教学课程

"双师项目式"教学指多学科融合的教学，由"双师"（两个教师或多个教师）合作完成一节课程，注重引导学生把书本知识应用到生活中，利用项目式的学习与实践，在学习与实践中渗透"微风德育"，拓宽研学的广度与深度，提高学习效果。

（二）探索"微风德育"研学课程的有效实施策略

在研究中，课题组将在课程资源开发的基础上探索"微风德育"研学课程的有效实施策略。

1. 构建"2+7"研学课程模式

"2+7"研学课程模式，即2大学习阶段加7大研学步骤。由于笔者任教的学校为九年一贯制学校，笔者以小学、初中两个阶段为研究对象，根据中小学生认知特点和实际情况，对"微风德育"研学资源进行了深层次梳理，确定了阶段重点目标：小学阶段以体验为主，初中阶段以探究为主。七大研学步骤如下：①确定主题，明确目标；②实地踩点，确定基地；③制定方案，各司其职；④推敲手册，学校审批；⑤研前课堂，双师同台；⑥研中分工，合作探究；⑦研后展示，多维评价。

2. 设计"研学清单"，提高研学实效

为了研学实效，研前的学习任务单设计是重要的环节，任务单内容的确定直接影响着研学目标的落实。根据年段学生的特点，以"微风德育"理念为指导，依据《中小学德育工作指南》的精神，以"小学溯源，中学弘扬"为主线培育和践行茂名好心精神，是设计学习任务单的重要纲领。

在课程设计中，我们根据活动路线选择不同类型和内容的课程资源，对学生进行研究，设计出丰富、实用、多样化、有趣的研学清单，如图6-2-3所示。

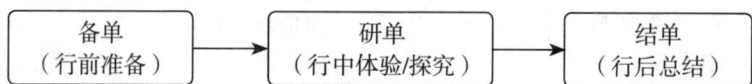

图6-2-3

学习任务单的设计，要体现一个完整的研学过程，做到研前有准备，研中有探究，研后有收获。

备单（行前准备）：行前根据实际情况确定的融知识性、趣味性及教育性为一体的活动。

研单（行中体验/探究）：行中以体验或探究为主，以任务单的问题为导向，小组分工合作，在交流中进行思维碰撞，在实践中获得新知。

结单（行后总结）：整理学习任务单，撰写研学汇报稿，发表研后感受。

3. 构建"微风德育"研学课程"361"评价体系

没有评价体系的课程是不科学、不完善的课程。在校本课程的设置中，科学、完善的评价体系是很重要但又很容易被忽略的一环，同时是课程设置中的一个难点。只有解决了这个难点，才能使校本课程得到深化发展。

中共中央、国务院印发的《深化新时代教育评价改革总体方案》中指出："完善德育评价。根据学生不同阶段身心特点，科学设计各级各类教育德育目标要求。"因此，基于准确的德育目标的评价是"微风德育"研学课程评价体系的核心。为此，笔者构建了"微风德育"研学课程"361"评价体系。

"361"评价体系的"3"指的是"研前有准备、研中有合作、研后有分享"，"6"指的是"评价标准多维度、评价主体多元化、评价方法多样化、评价突出实践性、评价突出过程性、评价突出激励性"，"1"指的是"德育目标"。"3"是评价的主要标准，"6"是评价的具体方法，"1"是评价的核心。"微风德育"研学课程"361"评价体系如图6-2-4所示。

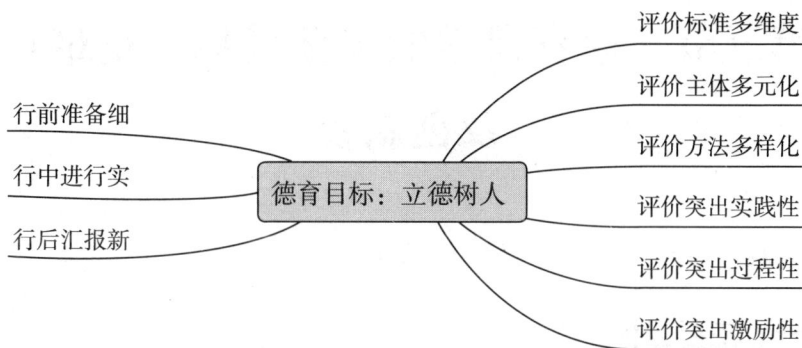

行前准备细
行中进行实
行后汇报新

德育目标：立德树人

评价标准多维度
评价主体多元化
评价方法多样化
评价突出实践性
评价突出过程性
评价突出激励性

图6-2-4

在实施过程中，一要明确研学课程的德育目标。根据9个研学地点及基于"好心文化"的德育主题、内容（表6-2-1），从学生角度出发，根据学生的年龄特点和认知情况，制定各年段的德育目标。二要确定德育评价的主体和方式。德育研学评价有别于校园内以考试形式为主的评价方式，应该从"研前有准备、研中有合作、研后有分享"这三个方面入手，以"评价标准多维度、评价主体多元化、评价方法多样化、评价突出实践性、评价突出过程性、评价突出激励性"为准则，从"学生自我评价、同学评价和教师评价"三个维度进行。自我评价促自我反思，同学评价促共同进步，教师评价指向深度学习。

第三节　德育研学的主要目标、重难点及创新点

一、主要目标

（1）通过对本课程的研究，构建"双减"背景下基于"好心文化"的"微风德育"研学课程体系，切实解决"只游不研"、研学内容重"智育"轻"德育"、实施策略单一及评价不完善等问题，为教育系统推广研学活动提供可行的决策支撑，为教育系统的同行研究者的研究工作提供有价值的参考或依据，为研学实践渗透德育可行性开辟新途径。

（2）在研学课程中基于不同学段学生特点，渗透"微风德育"理念，有效落实多维目标。

① 知识目标：了解自然与环境、政治与经济、人与自然、人与社会等的关系。

② 能力目标：发展组织活动能力，提升沟通协调能力，提高组织协调能力，培养服务社会的责任意识。

③ 情感目标：增进同学、师生间的理解和感情，激发热爱家乡的情感，增强社会责任感和义务感。

④ 实践目标：对茂名本土的时代发展有所了解，寻找茂名独特的"好心文化"，培养学生创新精神和实践能力，全面提升学生的核心素养。

二、研究重点

　　研学课程是学生成长过程中不可或缺的内容，是对国家综合实践活动课程的补充和深化。在开展小学区域研学活动的过程中，制定科学合理的研学活动线路规划，综合考虑区域特点、学生成长特点和学科整合教学需求，设计相应的研学活动，选择合适的活动地点和形式是非常重要的。同时，教师在研学课程实施过程中的指导性教学习惯往往会给学生提供过多的暗示或信息，学生的好奇心和研学兴趣有待进一步激发。基于此，开发"微风德育"理念下的中小学研学校本课程资源、构建"2+7"课程模式、针对不同学段设计有效的研学清单是本课程研究的重点。

三、研究难点

　　研学课程分为中学部和小学部，每学年进行一次，带领学生追本溯源，了解地域文化，培养学生热爱家乡的情怀，由此凸显区域研学活动的价值，促使学生形成良好的价值取向。在这一过程中，需要一套完整的评价体系激发和引导学生围绕研学主题，怀着强烈的求知欲与好奇心，将学科知识、科学知识、生活知识学以致用，在活动中渗透德育，在体验中学习积累，在感悟与理解中内化于心，在探索中外化于行，让研学体系更模板化、序列化、整体化，这将成为本课程研究的难点。

四、创新点

　　目前国内外关于研学的研究不少，从研究内容来看，大多只是研学旅行的目的意义、内容选择以及旅游产品的开发和营销等方面的研究，德育课程设计单一，缺乏系统性；从研究的群体对象来看，针对大学生和中学生的研究比较多，而针对小学生的在"双减"背景下基于本土文化的专题研学德育课程的资源的开发与设计，以及"双师"项目式德育研学课堂结构形态、研学评价体系的构建等方面的研究比较少。同时，本课程在名师工作室"微风德育"理念的有效指引下进行研究，是具有创新价值和学术意义的。

综上所述，基于茂名市东湾学校"好心教育"办学特色以及市名班主任工作室"微风德育"理念开发出的研学旅行德育课程，是在顶层规划下形成的学校研学新机制，为本市德育研学提供了参考，为学生的全面发展提供了广阔的舞台，将具有学校办学特色的研学旅行课程根植于每一名学生的心中，真正融入学生的生活，实现了"点点滴滴育人、时时处处育人"的教育目标，于无形的教育中培养学生有形的素养，让学生受益终身。

第七章
研究成果

研究成果，指的是研究的成效。我们通过阶段成果，可以反观研究的方法、过程、重难点的把握等方面存在的问题，这对下一步的研究将会有更大的促进作用。

茂名市东湾学校成立于2019年8月，一直在践行"好心文化背景下'小学语文+'跨学科研学实践研究"项目，目前小学已形成3个一年级成果案例，2个二年级成果案例，1个三年级成果案例。

本章将对本课题研究成果进行初步梳理。

第一节 成果简介

为切实解决研学旅行活动中"只游不研"、研学内容不系统、评价不完善、本土研究较少、课堂模式单一等问题，本课题以《中小学学生赴境外研学旅行活动指南（试行）》《关于推进中小学生研学旅行的意见》等为指导，挖掘茂名市本土"好心文化"的研学资源，开发基于"好心文化"与学科课程相融合的研学实践课程，探索研学课程的结构形态——"双师项目式"教学模式，打造基于"好心文化"的研学课程"361"评价体系，形成了茂名"好心文化"背景下中小学研学校本课程等成果。本课题全面提升了学生的核心素养，为旅行公司协组组织研学活动提供了系统性、完备性的操作策略，为教育系统推广研学活动提供了可行的决策支撑，为教育同行提供了有价值的参考或依据，为茂名"好心文化"的传播开辟了新途径。

第二节　成果创新表现

本课题的创新主要表现在研学主题新、研学课程新、研学方式新和研学对象新。

一、研学主题新

本课题以发展学生核心素养为主要关切，开发了以本土"好心文化"为主题的好心研学活动，以"小学溯源，中学弘扬"的"6+3"模式传递茂名的"好心精神"。

二、研学课程新

经过3年的探索，学校已建立了由课题组引领、教育集团驱动、成员学校推进的"好心研学"共同体；摸索出"预学—共学—研学"三段法研学模式；总结出"6+3"立体式研学体系，研发出符合"知行合一"和"以心为本"心理内化规律的"校—镇—市"3级研学课程：用小学6年时间走完小东江流经的6个主要城市或乡镇，用初中3年时间走完3个主要海湾，探索茂名市本土"好心文化"的研学资源，以9年的时间从"河"到"海"，传承弘扬茂名的"好心精神"。

三、研学方式新

一是推行知行合一的研究性学习方式。本课题构建"知识+研究+实践+创造""线上+线下""虚拟+现实""校内+校外"的知行合一的交互学习方式，提升学生的创新能力和实践能力，提升研学的教育意义。二是倡导"跨学科融合"的双导师育人模式。本课题开启了"双师项目式"研学课堂的新结构形态。

四、研学对象新

一是研学对象年龄小。本课题研究对象为一至九年级学生，本课题是针对低年级学生的大胆尝试。二是研学对象范围广。本课题研究除了涉及本校学生，还辐射到集团学校，体现了课题研究对象的广度。

第三节 成果效果表现

一、打造"好心研学"共同体

基于"好心教育"体系的"小学语文+好心研学"活动，是学校教育和校外教育衔接的重要的综合实践育人活动，以学生发展核心素养为主要关切，倡导"学科内融合，多学科整合"的理念，以研为核心、以学为目标、以游为载体、以行为实践，结合学生身心特点、接受能力和实际需要，注重系统性、知识性、科学性和趣味性，通过走出校园、亲近自然、融入社会等活动，让学生在探究中增长知识、体验自然和人文环境、提高学习兴趣，充分参与研学的全过程，体验不一样的文化课堂，开创了"好心"研学新时空。

二、探索研学"双师"育人模式

"双师项目式"教学指多学科融合的教学，由双师（两个教师或多个教师）合作完成一节课程（课时可以是1节或多节），注重引导学生把书本知识应用到生活中，利用项目式的学习与实践，不断巩固学习成果。

学校以师生观念转变为契机，营造健康研学环境，探索出研学校本课程的新结构形态——"双师项目式"教学模式。作为除学生之外的主体，双导师是引导学生进行深度学习的关键所在，通过深入挖掘社会各方的力量，从活动课程的设计，方案的制订、实施、交流与评价各个方面加强学校与社会的联系，促进学校研学的发展，拓展研学的场所，深化研学内涵，实现教师引导与学生实践研学的深度融合。

要带领学生研学，教师必然要先"研"，才能帮助学生来"学"，这一过程不同于单纯的书面备课，开发研学课程不仅能够起到帮助教师扩展教学范畴、开阔眼界的作用，也有利于促进教师成长，提高教师专业素养。据此，学校对双导师进行研学理论学习、教育研讨、研学主题研究等培训，通过技能大赛、参观走访等形式，推动研学导师向着研究型、学习型、实践型导师纵深发展，为实现学生的全面发展而努力。

三、打造"好心"研学课程育人新体系

在"好心教育"体系的指导下，开发基于"好心文化"与学科课程相融合的研学校本实践课程，在研学之前对课程进行精心设计，是学校研学发展的必然需要，也是落实研学需要的具体课程支撑。

研学课程以实践为指向，分层分类设计研学课程体系，明确课程设计主体，研制完备的课程要素，以实践育人、研学育人为理念，以培育学生的素养为目标，打造"学校—研学点—家庭—社会"四位一体的课程实施模式。

四、构建"361"研学多元评价机制

学校坚持多元评价的手段，以学校、学生、教师、"双师"为评价主体，构建了多主体、多维度的"361"评价体系。"好心研学"活动评价体系不再采取单一的教师评价方式，也不将学习成果局限在纸质的研学单上，而是将学生引进评价主体，通过自评、小组评等方式，结合表现性评价为学生搭建小组合作支架。学校还设置了"小小讲解员"这一展示性评价环节，让学生在全校的舞台上进行讲解。学生通过科学的评价方式检验研学开展的实际效果，验证研学活动开展的必要性，并且为后续研学活动的开展提供指导，从而更好地服务于研学活动的开展，以实现研学"育人导向"的功效，培养学生的核心素养，实现教育与学生研学的有机结合。

"361"评价体系有两层意思：第一层意思的"3"指的是研前准备细、

研中进行实、研后汇报新，"6"指的是基于"3"分离出来的6要素，"1"指的是德育目标。第二层意思的"3"指的是中学3年的评价体系，"6"指的是小学6年的评价体系，"1"指的基于"立德树人"的年段德育目标。第二层意思包含第一层意思，它们是相互交融的关系。简单来说，小学和中学分别按照第一层意思形成"361"评价体系，汇总起来就是第二层意思的"361"评价体系。

五、推行知行合一的研究性学习方式

学校以"好心教育"为指导，以研学共同体为推动，培育学生核心素养，推行知行合一的研究性学习方式，指导学生在实践的基础上把研学成果运用到生活之中。例如，从走进博物馆研学延伸到动手实践，将在研学活动中习得的工艺知识与科学精神发挥出来，如为班级劳动实践基地和家庭的菜园子制作雨棚等。构建"知识+研究+实践+创造""线上+线下""虚拟+现实""校内+校外"的知行合一的交互学习方式，提升学生的创新能力和实践能力，提升研学的教育意义。

六、建立并完善研学流程框架

项目组在研究过程中，建立并总结了校本研学课程的开发流程，如图7-3-1所示。

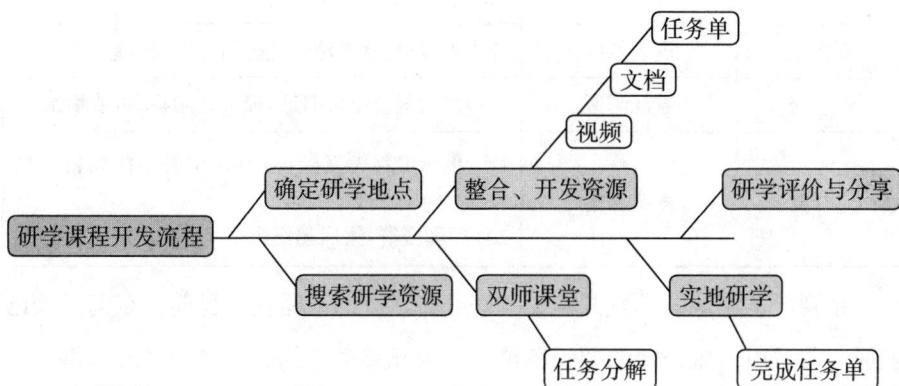

图7-3-1

七、研发小学低年级研学课程

为弘扬茂名"好心精神"，我校根据小学低年级学生的心理和生理特点，以及学校"小学溯源、中学传扬"的指导思想，为低年级学生选取了母亲河边离学校最近的乡镇作为研学点，遵循趣味性、简单化、游戏化等原则，研发了一套较为完善的低年级研学课程。

八、开发一批研学基地

为擦亮茂名"好心之城"这块亮丽的招牌，树立"好心教育"的品牌，弘扬茂名"好心精神"，我校沿着小东江流经的河湾开发了一批研学基地，见表7-3-1。

表7-3-1

年级	地点	研学资源
一年级	茂名露天矿生态公园	露天矿博物馆+乡村振兴（牙象村）
二年级	山阁镇	高岭土+烧酒革命历史博物馆
三年级	根子镇	中国荔枝博览馆+乡村振兴（桥头村）
四年级	分界镇	储良龙眼母树+乡村振兴（杏花村）
五年级	谢鸡镇	丁颖纪念馆+谢鸡坡村（乐山程公祠、中山书塾、冼太庙）
六年级	长坡镇	长坡水库+旧城（冼太庙）
七年级	茂名湾区	冼夫人故里+水东湾湿地公园+垃圾处理
八年级	湛江湾区	广州湾法国公使署旧址+渔港公园+军事博物馆
九年级	粤港澳大湾区	1.广东海上丝绸之路博物馆+阳春市潭簕村红色展馆 2.江门碉楼群+梁启超纪念馆

系列研学基地的开发开辟了"好心研学"的新路径。目前，东湾学校已经成为茂名市国旅公司的顾问单位，也为兄弟学校的研学课程开发提供了模板和参考。

第四节　案例汇总

奥古斯狄尼斯说："世界是一本书，而不旅行的人们只读了其中的一页。"在3年的研学实践研究中，我们孜孜不倦地读着这本世界的大书，在行走的课堂中领悟书的真谛。

在不停的行走中，我们不时驻足回望，因为驻足是为了更好地前行。

我们回望走过的每一步是否坚实，回望设计的每一份方案是否完善，回望开发的每一项课程是否科学。在不断的推翻与碰撞中，我们看到了一份份不断完善的方案，我们看到了一份份不断创新的设计，我们看到了一门门越来越科学的课程，我们还看到了一个个学生在行走的课堂中不断地成长，一个个教师在喜人的收获中慢慢悦纳。

以年级为单位，汇总3年的案例成果，我们能纵向发现每一步的成长与欢欣。

第一年，只有粗糙的研学任务单、简单的班级汇报。

第二年，通过直播的形式，启动了"双师项目式"研学课堂，开启了年级汇报，完善了任务单，开发了一、二、七、八年级基地。

第三年，设计了精美的研学手册，完善了评价体系，启用PPT进行年级汇报，开发了三、九年级基地，优化了一、二、七、八年级基地。

培根说："对青年人来说，旅行是教育的一部分；对老年人来说，旅行是阅历的一部分。"下面汇总了一、二、三年级的部分研学成果，以见证研学是如何教育和影响青少年一代的。

一、一年级研究案例

【2019—2020学年度】

（一）研学任务单（图7-4-1、图7-4-2）

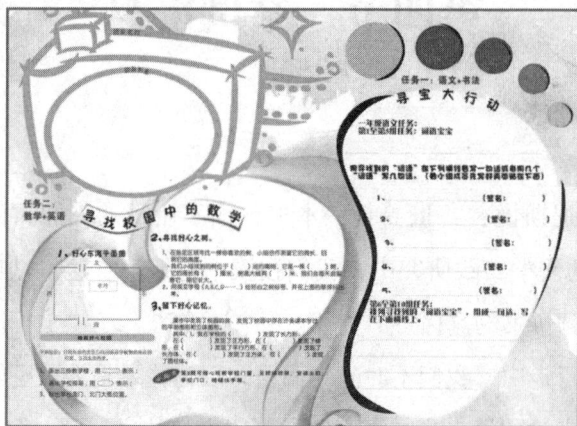

图7-4-1

图7-4-2

（二）活动通讯稿

漫步东湾校园，探寻好心之源

——茂名市东湾学校2020年研学活动启动

为丰富学生的学习经历和生活体验，培养学生独立自主、精诚合作、乐于分享的团队协作精神，进而激发学生学习兴趣，使学生明确学习目的，7月10日，茂名市东湾学校围绕"漫步东湾校园，探寻好心之源"这一主题，启动2020年研学活动，用阅读引领成长，让学生亲近自然，漫步校园，观赏东湾学校的一草一木，深入了解学校的办学理念，探寻"好心文化"之源。

茂名市教育局教研室副主任詹晴儿在启动仪式上表示，研学活动不仅是中小学生综合素质教育提升的一大抓手，也是培育广大中小学生良好的社会责任感和使命感的绝佳机会，具有十分重要的社会意义。

茂名市东湾学校党支委委员廖雁同志表示，学校以"小学追本溯源，中学四海弘扬"为指导思想，通过学科融合的研学课程，旨在用小学6年时间走完小东江流经的6个主要城市或乡镇，再用初中3年时间走完3个主要海湾，用"6+3"的模式，从"河"到"海"，传递茂名的"好心精神"。今年受疫情影响，活动地点改到校园，让"好心文化"从校园出发，从这里起航。希望同学们在观察、合作、探寻、交流中增长见识，在阳光、花香、鸟语、绿草中自由奔跑，在团结、友爱、感恩、礼敬中快乐成长。

在研学活动启动仪式结束后，学生拿着画笔、卷尺等工具，带上研学手册，深入校园各个角落，在教师的指导、同学的互帮互助下，完成了一项又一项的任务。在参与活动的过程中，学生认识了自然，了解了校园文化，学会了获取知识的方法，提高了综合运用知识和解决问题的能力，收获了成功的喜悦、合作的欢欣，更感受到了挑战的乐趣、信任的感动。

据悉，茂名市东湾学校把"好心教育"确定为办学品牌，以弘扬"好心茂名"精神为核心，传承中华优秀传统文化，将"以心为本，诗礼传家"定为办学理念，以"安好这颗心"为校训，寓意东湾学校每个学生就是这小东江上的一艘艘小船，以"好心"为舵，以"诗礼"为帆，在"不忘初心、静心育人"的教师摆渡人的引领下，"正心诚意，静水流深"地去学习，成为"知书达礼、全面发展的好心人"，并把这种"好心精神"带出茂名，使其走向世界。

2020年7月10日

（此文转自粤西资讯网）

（三）研学照片

（1）漫步东湾校园，探寻好心之源，茂名市东湾学校2020年研学活动正式启动。图为茂名市教育局教研室副主任詹晴儿出席研学启动仪式并发表讲话。（图7-4-3）

图7-4-3

（2）认真研读任务单，带上软尺等工具，我们开始分配任务啦！（图7-4-4）

图7-4-4

（3）小廖老师在笑容可掬地给我们答疑解惑呢！（图7-4-5）

图7-4-5

（4）钟美燕老师在讲解我们找到的"词语宝宝"里的象形文字。（图7-4-6）

图7-4-6

（5）大家在认真地画着自己寻找到的校园之美。（图7-4-7）

图7-4-7

（6）走过，路过，请不要错过，为我们可爱的小团队投上一票吧！（图7-4-8）

图7-4-8

【2020—2021学年度】

（一）研学任务单（图7-4-9、图7-4-10）

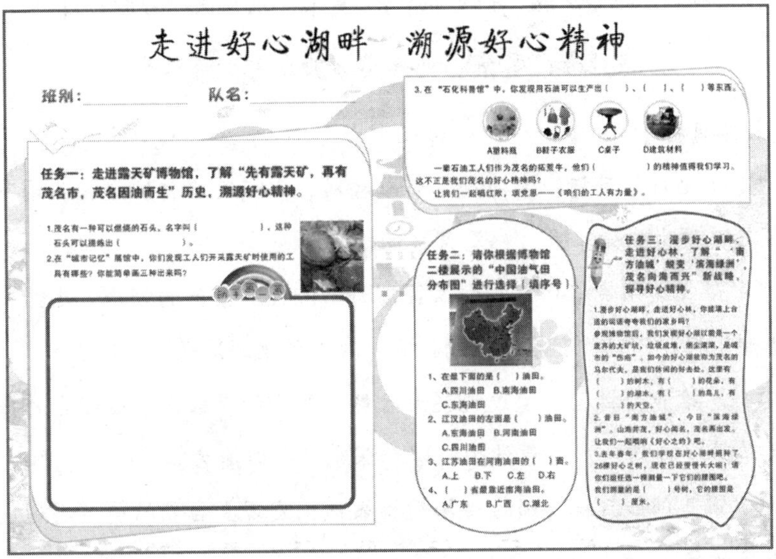

图7-4-9

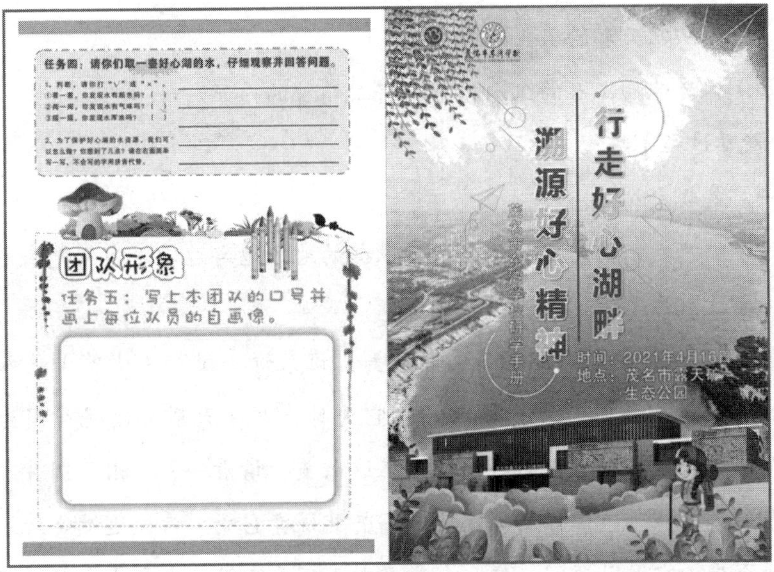

图7-4-10

（二）双师课堂教学设计

2020—2021学年度

走进好心湖畔，溯源好心精神

一年级研学之旅"语文+音乐+美术"双师课堂教学设计

设计者：廖 雁 邱家青 卢新月 蒋春美

【教学目标】

（1）文化自信目标：溯源茂名好心精神，弘扬茂名传统文化，培育好心少年，厚植学生热爱家乡、感恩家乡的情感。

（2）语言运用目标：通过积累描写好心湖优美景色的词语、小组交流探究、小组汇报等活动，积累学生的语言，培养学生的沟通、表达能力。

（3）思维能力目标：通过观察大自然、给小树量腰围、小组合作探究完成任务单等实践活动，培养学生梳理和探究的思维能力。

（4）审美创造目标：通过现场观察表达，发现大自然的美，再通过画笔创造更多的美。

【教学重难点】

（1）了解露天矿的前世和今生。

（2）体会炼油工人的工人精神和好心精神的内涵。

【教学过程】

一、激趣导入

同学们，我们明天要到一个很美很美的地方边游边学。我们先来看看图片。（播放图片）

这个地方美不美？你觉得它哪里美？谁来说一说？（生答）你知道这么美的地方是哪里吗？（出示课题）它为什么叫露天矿公园呢？因为它以前是个油页岩矿场。它以前可没有现在这么美，请看——（出示图片）这是以前露天矿的样子，但你们别觉得它不美就嫌弃它哟。看，这燃烧着的石头就是油页岩，它像孙悟空一样，会变身哟。不要眨眼，它要变身喽。变！衣服。变！塑料瓶……油页岩为我们茂名做了很大的贡献，所以我们茂名又叫油城。但是露天矿经过几十年的开采，不但留下了一道道伤疤，还留下了巨大的矿坑，之后更是成了废弃的矿坑。后来，领导们传承发扬茂名的好心精神，把露天矿建设成了今天这么美的生态公园。

二、介绍景点

露天矿公园里有很多美丽的景点，如小木屋、好心湖、好心林和博物馆等，我们研学的地方是博物馆、好心湖和好心林。

1. 博物馆

现在我们就去第一站博物馆开始我们的研学之旅吧。（出示图片）博物馆分为三层，第一层是城市记忆，这里收集了大量露天矿工人开采油页岩的工具和照片。那工人们都用什么工具呢？我们一起去瞧一瞧。（出示照片）在参观的时候，我们要填写研学任务单。这是我们的任务单。其中一个任务就是画3种开采工具，那要怎么画呢？现在请我们的美术老师蒋老师进行指导。

同学们，这些工具很简单，但是工人们就是用这样的工具在恶劣的环境里工作的，他们正是凭借这种吃苦耐劳的开拓精神把我们茂名建设成了美丽的南方油城。这是多么伟大的力量！让我们怀着敬佩感激之情歌颂他们。现在请音乐老师卢老师进行指导。

2. 好心湖

从同学们动听的歌声中，我听出了工人们磅礴的力量。现在，我们要离开博物馆去第二站好心湖喽。（播放视频）大家知道这个好心湖原来是什么吗？对！就是废弃的矿坑。为什么这么漂亮的湖叫作好心湖呢？请跟老师读：是为了纪念巾帼英雄冼夫人。冼夫人就是我们茂名人。

3. 好心林

好，下一站我们去好心林。上一年，我们东湾学校师生在这里种下了好心之树，也立下了好心之约。好心之树在废弃的矿坑周围长成了鸟语花香、绿意葱茏的小树林。今年我们到这里赴约，去拥抱这些好心之树，看看它们长大了没有，长高了没有。我们在感受上一年师生好心精神的同时，还要继续发扬这样的好心精神去建设我们的家乡茂名，让它变得更美丽。最后，让我们怀着一颗好心去学习歌曲《好心之约》。

（三）活动通讯稿

好心湖畔和山阁革命老区这场行走的党史课超生动

廖 雁　黄应丽　刘淑贞

为了培养学生在实践中得真知的合作探究精神，茂名市东湾学校于2021年4月16日，组织一、二年级学生分别开展了以"行走好心湖畔""走进山阁革命老区"为主题的研学活动。

学生根据教师的要求，带上了研学活动所需要的文具，如铅笔、橡皮、勾线笔、签字笔、水彩笔、小画夹……排着整齐的队伍，带着激动的心情，踏上了研学实践之旅。

一年级师生首先来到好心湖的博物馆——"城市记忆"展馆。在导游和教师的解说下，学生认识了油页岩，了解了先有露天矿，再有茂名市，茂名因油而生的历史，还根据学习任务单的要求，寻找建设露天矿时使用的工具，并把喜欢的工具画下来，体会一批批石油工人砥砺前行的创业意志、勤劳刻苦的好心精神。

接着，一年级师生走进博物馆——"石化科普馆"，了解到石化工业是茂名的重要产业，石油的用途非常广泛，涉及衣食住行各个方面，如石油可以生产塑料瓶、鞋子、衣服、建筑材料等。

下午，一年级师生走进"好心林"，认识"南方油城"蜕变成"滨海绿洲"的巨大变化，观赏"水碧花红树绿"的美景，寻找"和自然和谐相处"的好心精神。学生拿出软尺，和小伙伴一起测量学校去年春季在"好心林"种下的好心之树，复习测量方法。各班教师提取"好心湖之水"回到队伍后，让学生通过闻一闻、看一看、摇一摇的方式，了解湖水的特点，学习并讨论如何保护水资源。

在返程的路上，学生在车上再次唱响《好心之约》，体验在"好山好水"的茂名做好心人的幸福，厚植对家乡茂名的喜爱之情。

回到学校后，学习小组长在班主任的组织下，带领组员们在班上完成研学任务单。

经过评比，班级优秀学习小组去参加校级直播课，展现研学活动的成果。班主任把直播课的入口发到班级群里，让家长在孩子合作学习中感受研学的趣味。

2021年4月19日

（四）研学照片

茂名市东湾学校2020—2021学年度一年级研学照片

（1）高高兴兴地踏上了我们人生的第一次研学之旅。（图7-4-11）

图7-4-11

（2）我们到达了茂名露天矿博物馆。（图7-4-12）

图7-4-12

（3）老师给我们讲解石油的开采。（图7-4-13）

图7-4-13

（4）老师给我们讲解石油的利用。（图7-4-14）

图7-4-14

（5）我们给好心林的小树量腰围。（图7-4-15）

图7-4-15

（6）回到班上，我们在完成任务单。（图7-4-16）

图7-4-16

（7）一（3）班的研学小组在做汇报。（图7-4-17）

图7-4-17

（8）卢春年校长为研学汇报获奖班级颁奖。（图7-4-18）

图7-4-18

【2021—2022学年度】

（一）研学手册（图7-4-19、图7-4-20）

图7-4-19

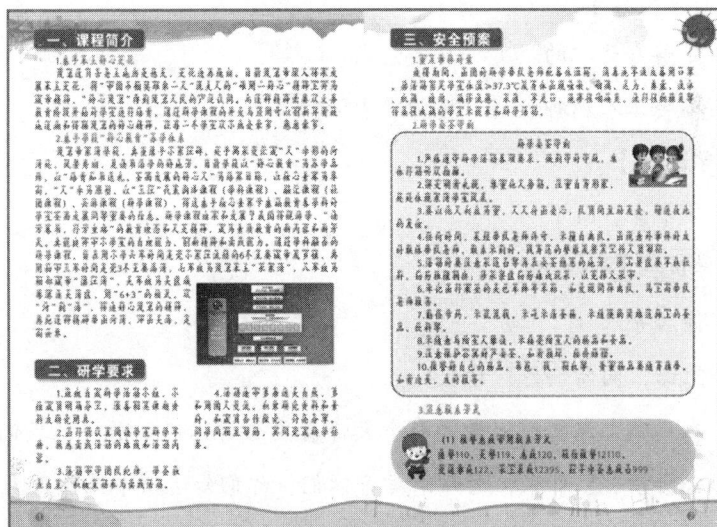

图7-4-20

（二）双师课堂教学设计

2021—2022学年度

走进好心湖畔，溯源好心精神

一年级研学之旅"语文+音乐+美术"双师课堂教学设计

设计者：廖雁　黄茵　赖思慧　何艺俊

【教学目标】

（1）文化自信目标：溯源茂名好心精神，弘扬茂名传统文化，培育好心少年，厚植学生热爱家乡、感恩家乡的情感。

（2）语言运用目标：结合图片和生活经验，通过口头方式将自己在露天矿生态公园的见闻和想法，用完整、流利的句子表达出来。

（3）思维能力目标：通过个人思考和小组讨论的方式，对比露天矿生态公园的过去与现在，了解好心湖名称的由来。

（4）审美创造目标：观察图片，感受露天矿生态公园景色之优美，用语言表达美，用工具创造美。

【教学重难点】

（1）了解露天矿的历史和著名景点。

（2）体会工人精神和好心精神的内涵。

【教学工具】

多媒体平台、PPT。

【教学过程】

一、谈话导入

师：上课，同学们好！请坐！

师：在正式上课之前，老师有个大惊喜要告诉你们！很快，我们一年级要集体出去研学啦！那么，老师来考考你们，你们知道研学是什么吗？

生（摇头）：不知道！

师：好，我看到很多同学摇头，简单来说，研学就是一边玩一边学，同学们在欣赏风景、快乐玩耍的时候，也能学到很多有用又有趣的知识，期不期待？

生：期待！

师：好的，那我们研学的地点估计你们也很熟悉了，就是茂名市露天矿生态公园。虽然大部分人已经很熟悉了，但为了让大家更好地玩、更好地学，现在就请同学们一起和我走进美丽的茂名市露天矿生态公园吧！

二、介绍露天矿历史

（一）观看视频

师：首先，请同学们观看一分钟的视频。（生认真观看视频）好的，相信大家都对露天矿生态公园有一定的了解了。

（二）展示露天矿以前的图片

师：那么，现在这么美丽的公园，以前长什么样呢？让我们从1954年说起。那时候，我们国家偶然发现茂名有个地方下面埋着很多很多油页岩矿产，这些石油矿产，能用作燃料，也能用来制作一些生活用品，它们宝不宝贵啊？

生：宝贵！

师：所以我们国家在1958年的时候，进行了大力开采，把这些宝贵的石油资源从地下挖出来，所以这里就变成我们熟悉的露天矿场啦，大家可以看一下当时的照片。（点击PPT）

师：由于过度开采，露天矿地面留下了一个个巨大的坑，还有一道道伤疤。同学们可以想象一下，我们平时摔倒了，手上摔破了一个伤口，疼不疼？

生：疼。

师：那么当时的露天矿有这么多坑和伤疤，它也疼。所以，茂名市为了不再让它疼，决定发扬好心精神，保护环境，在这里种上花草树木，把露天矿建成美丽的生态公园！

明确：对比露天矿公园的前世今生，了解保护环境的重要性。

三、介绍露天矿著名景点

（一）博物馆

（1）教师讲解。

师：露天矿生态公园还有很多漂亮的景点，第一站是博物馆。博物馆里面展示了以前工人开采油页岩的工具和照片，你们知道这上面是什么工具吗？和同桌互相讨论一下！

（学生自由讨论，派出代表作答，教师明确）

师：同学们说得都很好。当时的工人就是用简陋的工具在恶劣的环境里工作的，这说明工人有什么样的美好品德？

生：吃苦耐劳！

师：没错！他们正是凭借这种吃苦耐劳的开拓精神把我们茂名建设成了美丽的南方油城。为了让大家更好地体会坚韧不拔的工人精神，下面请音乐老师赖老师带我们学习一首歌。

明确：通过介绍开采工具体会工人精神的内涵。

（2）音乐老师指导演唱《咱们工人有力量》。

（二）好心湖

（1）教师讲解。

师：感谢赖老师的指导，从同学们动人的歌声中，我感受到了工人们蓬勃的力量！那我们继续来到研学的第二站：又大又美的好心湖！以前的好心湖其实就是一个废弃的矿坑，为什么叫好心湖？哪位同学猜一下？

生：是为了纪念中国的一位女英雄——冼夫人。

师：真不错，这名同学的课外知识非常丰富！冼夫人说过一句话，"我事三代主，唯用一好心。"好心湖由此命名。现在请同学们展开想象，看着这张好心湖的风景照，想一想，这里有什么样树木，什么样的花朵，什么样的湖水，什么样的鸟儿，什么样的天空？哪名同学愿意说一下？

生1：青葱的树木。

生2：美丽的花朵、五颜六色的花朵。

生3：清澈的湖水。

生4：自由自在的鸟儿。

生5：蓝蓝的天空。

师：同学们说得真好，为了把同学们美好的想象留住，现在请美术老师何老师来指导我们画下来。

（2）美术老师指导绘画好心湖风景。

（三）好心林

（1）教师讲解。

师：感谢何老师的指导，我们旅途的下一站是好心林。之前，我们东湾学校师生在这里种下了好心之树，这些好心之树在废弃的矿坑周围长成了翠绿翠绿的小树林。今年，我们到这里赴约，去拥抱这些好心之树，看看它们长大了没有，长高了没有。我们在感受上一年师生好心精神的同时，还要继续发扬这样的好心精神去建设我们的家乡茂名，让它变得更美丽。最后，让我们怀着一颗好心去学习歌曲《好心之约》。再次有请赖老师！

（2）音乐老师指导学唱《好心之约》。

四、出示任务单

师：刚才我们说到，研学就是一边玩一边学，那么玩的部分介绍完了，现在来介绍学的部分。首先，全班会分成几个小组，每个组都有一张任务单，每去一个景点都会有相应的任务，包括写的部分、画的部分和唱的部分。所以大家在玩的时候，记得要认真听讲、认真学习，和小组内的同学互相交流、互相分享，共同完成这张任务单。

五、小结

师：这节课我们了解了露天矿生态公园的历史和景点，明白了保护环境的重要性，体会到了吃苦耐劳的工人精神和好心精神，希望同学们在研学期间能对今日所学有更深的感悟，祝同学们旅途愉快！今天这节课就上到这里，下课！

2021—2022学年度

走进好心湖畔，溯源好心精神

一年级研学之旅"数学+科学"双师课堂教学设计

设计者：廖 雁 林 颖 周金平

【教学目标】

（1）通过做习题及动手操作，复习位置与顺序的知识，掌握使用软尺的方法。

（2）在活动中，通过观察、动手操作，掌握如何观察水的特征。

（3）体会数学在生活中的应用，培养对数学的兴趣。

【教学重难点】

（1）数学：复习位置与顺序的知识，掌握如何使用软尺测量物体。

（2）科学：学会如何观察水，掌握水的特征。

【教学工具】

教具：课件、书本、笔盒、水瓶。

学具：木块、洗发水、水、杯子。

【教学过程】

1. 复习位置与顺序

师：同学们还记得课本第五单元的知识吗？我们学习了上下、左右、前后。现在请同学们观察图片来回答以下题目。

师：谁在最上面，谁在最下面？（生回答）

师：同学们回答得都太棒了，看来你们对第五单元的知识掌握得很不错呀。现在老师请一个同学上来摆一摆。

活动一：请你来摆一摆、说一说

师：现在讲台上面有水杯、笔盒、书本，请你认真听我说哦。

师：数学书在水杯的下面，笔盒在水杯的上面。（老师说，学生摆）

师：同学们，他摆对了吗？非常棒。老师现在想请两位同学，一人说、一人摆。（学生互动：一个学生说，一个学生动手操作）

师：他们做得很棒。

师：老师看到桌面上的这瓶水，想问一下同学们，你们对水有没有深刻的了解呢？现在把时间交给周老师跟同学们一起学习。

活动二：观察一瓶水

师：同学们，你们用哪些方法来观察物体？

生：眼睛看、鼻子闻、用手摸。

师：同学们说得都很不错，其实我们还可以用耳朵听，对吗？

师：老师给同学们准备了三个杯子，里面分别是洗发水、水、木块，四人为一小组，同学们观察一下看有什么发现吧。

（学生小组活动，老师巡视给予指导）

师：我们可以从颜色、气味、透明、黏性、流动、固定形状这六个方面来进行区分。

师：老师请"小老师"来给大家汇报一下吧。（学生汇报）

师：通过观察，我们发现了水的特征是无色无味的，透明的，没有黏性，有流动性，不是固定形状的。像水这样会流动，并且没有固定形状的物体叫液体。

师：水重要吗？同学们知道在生活中，我们可以怎么来保护水资源吗？（学生回答，老师给予鼓励）

生：不乱扔垃圾，要随手关水龙头，等等。

师：同学们说得都太棒了，希望我们都可以好好地保护水资源。

师：那老师想给同学们提一个问题，如果我想测量一下这个水瓶的腰围，你们有什么方法吗。接下来有请林老师跟同学们一起学习。

2. 学习测量物体——认识软尺

师：在认识软尺之前，我们先来回顾一下我们平时常见的学习工具——直尺。

师：三种不同长度的竖线都叫刻度线，从0刻度开始测量，单位是厘米。软尺跟直尺是有共同点的。软尺一般在量身围或裁衣服时使用，也可用于测量物体。

师：我们现在来试一下如何测量水瓶的腰围。

师：软尺的使用方法是将0刻度的位置对准起点，然后把软尺绷紧，直接读数。

（老师先进行示范，再请学生上台来尝试操作）

师：先把0刻度的位置固定在瓶子上，接着绕瓶子一周后回到0刻度的位置，读出该处的数值，我们就可以得到这个瓶子的腰围数了。同学们回家也可以用软尺试着去测量其他物体的腰围。

师：软尺除了可以测量物体的围度，还可以测量我们手腕的围度，哪名同学想来尝试一下？（学生活动：上台测量手腕围度）

3. 小结

师：这节课我们学到了水的特征，知道了要爱护水资源，同时学到了如何使用软尺进行测量，希望同学们在家里可以多尝试，这节课我们就先学习到这里。下课。

（三）研学汇报稿

一（1）班研学汇报稿

各位评委老师，早上好！

合：我们是来自一（1）班的神枪手队，我们的口号是——神枪手队，百发百中。

生1：下面先由我来向大家汇报。第一站，我们来到了露天矿博物馆，了解了"先有露天矿，再有茂名市，茂名因油而生"的历史。在这里，我们溯源好心精神。在博物馆里面，我们看到了一种可以燃烧的石头，名字叫油页岩，这种石头可以提炼出石油，我们可以利用这种石油生产出塑料瓶、桌子、建筑材料等。这些正是我们老一辈的石油工人作为茂名的"拓荒牛"做出的贡献。他们身上的开拓精神值得我们学习，这种开拓精神不正是我们茂名的好心精神吗？

此时此刻，我想起了一首歌，叫《咱们工人有力量》，让我们一起唱响，歌颂这伟大的精神吧！

……

生2：下面由我来汇报。在博物馆里，通过导游的介绍，我们知道了原来中国有那么多的油气田，如四川油田、南海油田、东海油田、中原油田、江苏油田等，还知道了我们广东省是最靠近南海油田的。

生2：虽然有这么多的油田，但是我们也应该高效利用哦，还要在开采的过程中保护环境。

生3：下面由我来汇报。参观完博物馆，接着，我们漫步好心湖，走进好心林，了解到了我们茂名从"'南方油城'蜕变为'滨海绿洲'，茂名向海而兴"。在这里，我们继续探寻好心精神。虽然这里以前是一个废弃的大矿坑，垃圾成堆、臭气冲天，但经过努力，这里已经有了全新的变化。你们看，这里有绿绿的树木，有美丽的花朵，有清清的湖水，有蓝蓝的天空，还可以听到鸟叫声呢！看到这美丽的景象，我们还画了下来呢！

生4：下面由我来向大家汇报，我们在好心林看到很多高大的树木，评委老师们，你们想知道我们测量的树木的腰围是多少吗？让我来告诉你们吧，我们测的树木的腰围是45厘米，而且这棵树的叶子绿油油的，好心林真美啊！

生5：下面由我来汇报。各位评委老师，你们看，这是我们从好心湖取来的水。你们知道吗？以前好心湖这里是一个废坑，垃圾成堆，散发着臭臭的气味。

生5：但现在，你们看，我手中的这瓶水，清澈透明。

生5：闻一闻，你会发现这水一点气味都没有。

生5：摇一摇，这水一点都不浑浊。

生5：这么大的改变，真的是令人忍不住要赞美一下呢！

生6：下面由我来呼吁，我们要保护这么美丽的好心湖。我们呼吁：不乱扔垃圾，不浪费水资源，节约用水，大力发展绿化，多种树木，保护水土。现在，让我们一起行动起来，从小事做起，从生活中做起，一起保护这美丽的好心湖吧，把"好心精神"继续传承下去！

合：以上是我们小组的研学汇报，让我们再次喊出我们的口号——神枪手队，百发百中。

一（2）班研学汇报稿

王韵然：尊敬的老师，亲爱的同学们，大家早上好！我们是一（2）班的阳光队，我们的口号是阳光向上，我们最棒！

王韵然：接下来进行我们小组的研学汇报。

许伊琳：怀着激动期待的心情，我们到达了露天矿博物馆，在博物馆里，我们边参观边听导游哥哥给我们讲解。

许伊琳：我们对博物馆里面的东西好奇极了，同学们都在很认真地听导游哥哥讲解，我们在博物馆里面看到了露天矿建设时的场景模型、图片、工人使用的工具等。这让我们感受到以前的建设环境是多么恶劣，因为有工人的努力和辛勤付出，我们才能看到现在如此美丽的露天矿，我们为他们的劳动精神感到骄傲。

黄彦兴：在享用完美味的午餐后，迎着灿烂的阳光，我们来到美丽的好心湖，你们看，湛蓝的天空、碧绿的湖水，美丽极了！瞧，我们的小伙伴多开心！

黄彦兴：我们没有忘记学习任务哦，我们有在认真地完成任务单呢。在保证安全的情况下，在老师和导游哥哥的陪同下，我们对不同的树木进行了测量，也取了一些好心湖的湖水进行观察。我们发现取到的湖水样本是很清澈的，这说明我们的好心湖有被好好地保护着呢！

王韵然：接下来是徒步两千米，这对我们一年级的小朋友来说可是个大挑战呀！虽然太阳很晒，我们很累，但是，我们有好好地坚持下去，并完成了徒步。在徒步的过程中，我们欣赏到了沿途美丽的风景，多可爱、多碧绿的好心湖，多可爱、多阳光的我们，好好运动，健康生活，从我们自己开始努力吧！

王韵然：研学结束回到学校后，我们小组成员齐心协力地完成了我们的任务单，对我们今天学到的知识进行巩固，并画出了我们眼中美丽的令人难忘的好心湖景色。

王韵然：通过这次的研学活动，我们收获很多。我们学习到珍贵的劳动精神，学习到要好好保护环境，学习到要健康生活，学习到要好心生活，做个好心人、有心人，并向身边人传达好心精神，让大家都可以成为好心茂名人！

王韵然：我们的汇报到此结束，谢谢大家！

一（3）班研学汇报稿

梁博裕：激情六月，骄阳似火，我们在阳光灿烂的一天踏上了我们人生的第一次研学之旅！

合：我们是来自一（3）班的研学第一小分队。

郭怀远：我们的队名是——

合：追梦不累队。

郭怀远：我们的口号是——

合：不苦不累，人生白费！不拼不搏，人生白活！

李多多：我们在阳光灿烂的一天开启了我们的研学之旅。我们首先来到了露天矿博物馆。

郑棋铭：我们在博物馆的一楼参观了城市记忆的一、二号馆，认识了油页岩——一种可以燃烧的石头。我们看到了露天矿工人在建设生产时用过的机器、工具还有生活用品，我特别喜欢他们那台手提电话，因为它和光头强的电话一模一样。

黄彦博：我看到了那时的工人用过的电视机、工具车、手套、饭盒，虽然那时的人民生活得很艰苦，但是他们却坚持奋斗，我要向他们学习。

梁博裕：我们第一小分队三两下就找到了任务一的答案，就地就把答案填好了。

陈静盈：午饭后，我们去了好心湖。我们坐在好心湖边画画，我们可喜欢这蓝蓝的湖水了。我们拿起心爱的画笔，把湛蓝的天空、蓝蓝的湖水、绿绿的树木和草地画了下来。

谭茜：画完画，我们就启程去了好心林，前年种下的树木，现在已经长大了好多，我去拥抱了2号树木，我一手就抱紧了它，我还给那里的树木都量了腰围呢。

邵楚扬：量完树木的腰围，老师带着我们去采集好心湖的湖水，我发现采集上来的湖水特别干净，闻起来也没有什么味道。我知道，要保持好心湖的水永远这么干净，需要我们大家共同的努力。这是我们小分队在回来之后观察好心湖湖水所做的记录。

梁博裕：我们满怀期待出发，收获满满！我们已经开始期待明年的研学之旅了！

合：我们是一（3）班的追梦不累队，希望大家多多支持我们、爱我们，请投票给我们吧，谢谢大家。

第七章 研究成果

一（4）班研学汇报稿

黎一铭：大家好，我们是来自一（4）班的研学第一小分队。

黎一铭：我们的队名是——

合：雏鹰小队！

黎一铭：我们的口号是——

合：努力、努力，坚持不放弃！

黎一铭：上周四，我们满怀兴奋和好奇，开始了人生第一次研学之旅。我们的路线：第一站是茂名市露天矿博物馆，第二站是好心湖畔，第三站是好心林，第四站是小木屋。

陈善恩：我们首先参观了露天矿博物馆一楼的"峥嵘岁月，城市记忆——油页岩与茂名的崛起"展览。我们知道了茂名有一种可以燃烧的石头，名字叫油页岩，这种石头可以提炼出石油。

刘语乔：在这里，我们还看到了当年建设生产时所使用的工具，如汽车、推土机等。

刘语乔：由于博物馆二楼不开放，我们没有到二楼参观"中国油气田分布图"，但是，在导游姐姐的解答和帮助下，我们还是顺利地完成了任务二。

谭芝墨：出了博物馆，走进好心湖畔，我们看到了高大的树木、美丽的花朵、碧绿的湖水、自由的鸟儿，还有蓝蓝的天空。这里风景如画，每一处每一角都有惊喜。在这里，你可以随心所欲地跑步、拍照、嬉戏。

陈宇成：这里的每一处都是美丽的风景。我们找了一个安静的亭子画画。不一会儿，好心湖就出现在我们的画纸上了。请看，这是我们小组一起合作完成的画。

陈宇成：接着，我们来到了好心林。在好心林，我们量了树的腰围。我们测量的是第13号树，它的腰围是51厘米。我们知道了这是一棵粗壮的树木，它的叶子是锯齿状的。

陈宇成：请看，这是我们完成的任务单。

余雅霖（拿着一瓶好心湖的湖水边展示边说）：量完树的腰围，我们又采集了好心湖的湖水，经过观察，我们发现湖水呈淡黄色，有点杂质，有些浑浊，还有一点泥味。为了保护好心湖的水资源，我们要减少水污染，保护环境，定期清理垃圾，从源头净化水源。

余雅霖：我们还碰到了两个音乐爱好者，在树下，我们一起唱起了喜欢的歌，还一起玩了老鹰捉小鸡的游戏，大家都好开心呀！

余雅霖：请看视频。

陈芷晴：最后一站是小木屋，这是我们最喜欢的地方。一张张合照，成为我们心底最美好的风景。

陈芷晴：美好的一天就要在小木屋这里画上句号了。这一天，我们走了很长、很远的路，有的同学忍不住喊累了，但我们还是很有默契地齐声喊着"努力、努力，坚持不放弃"这个口号，一直坚持到了终点！那一刻，我们战胜了自己，成就感爆棚啦！

陈芷晴：我们的汇报到此结束。

合：我们是一（4）班的雏鹰小队，请投我们一票吧，谢谢大家！

一（5）班研学汇报稿

齐：尊敬的领导、老师，亲爱的同学们，大家好！

肖瑜：为了更好地了解我们的家乡——茂名的建设发展历程，上周四，我们学校组织了一次以"行走好心湖畔，溯源好心精神"为主题的研学活动。我们汇报的内容一共有三项：首先给大家介绍我们的小组。

肖瑜：大家好，我们是——

齐：一（5）班研学第六小分队。

肖瑜：我们的队名是——

齐：快乐无限小分队！

肖瑜：我们的口号是——

齐：我研学，我快乐！我探索，我收获！

肖瑜：我们的路线一共有两站。第一站是露天矿博物馆，第二站是好心湖畔和好心林。下面，我们一起走进露天矿博物馆去看看吧！

李梓萱：我们怀着兴奋的心情，进入博物馆，在里面，我们知道了茂名有一种可以燃烧的石头，叫作油页岩，这种石头可以提炼出石油。后来，通过导游潘姐姐的科普，我们知道了用石油可以生产出塑料瓶、桌子，还有一些建筑材料等。

沈颂鑫：在观看完展品、听完导游介绍的历史之后，我们知道了老一辈石油工人作为茂名的"拓荒牛"，他们身上刻苦奋斗的精神非常值得我们学习。

倪樱炯：由于一些原因，博物馆二楼没有开放，我们没有参观到"中国油气田分布图"。不过，在潘姐姐的帮助下，我们初步了解了中国油气田的分布情况，也做好了相关的习题。

柯冠任：接下来的第二站，我们来到了露天矿的好心湖畔。据说，好心湖是为了纪念"中国巾帼英雄第一人"——冼夫人，而冼夫人就是我们茂名人。我们漫步在好心湖畔，感受着大自然的美好风光。导游和老师为我们找到了一个凉亭，同学们一起在凉亭里为这幅美景作画。看到这片景色，我不禁感叹，原本这里是一个废弃的大矿坑，如今却成了茂名的"马尔代夫"。这里有高大的树木，有各种各样的花朵，有清澈的湖水，有快乐的鸟儿，还有蓝蓝的天空，真是太美了！

肖瑜：我们继续前行来到了好心林，看到了很多小树，这里的小树就像一群可爱的孩子，伸着懒腰在沐浴着美好的阳光。老师带领我们小组的每一个成员使用软尺测量树的腰围，我和组员们一起选了6号树，测量到的腰围是40厘米，这是一棵矮小的树木，它的叶子是绿色的。

卢国裕：不知不觉，我们走完了最后一站，在小木屋休息时，老师带我们取了一些好心湖里的水，在研学前我们学习过如何去观察物品的状态。取完水之后我发现水是没有颜色、没有气味的。但是水很浑浊，这说明这些水是脏的。为了保护好心湖的水资源，我们应该不往水里扔垃圾，要节约用水，不浪费水资源，要树立惜水意识。

肖瑜：以上就是我们快乐无限小组的研学汇报，感谢老师们、同学们的聆听！希望你们可以投出宝贵的一票。谢谢大家！

一（6）班研学汇报稿

所有人：大家好，我们是一（6）班的阳光小队。

邓鸿锦：接下来的研学汇报分为四个部分来讲。第一部分说说我们的小组，第二部分告诉大家我们去了哪里，第三部分说说边走边玩边学，第四部分说说这次研学的感受。

所有人：各位领导、老师好，大家好，我们是一（6）班的阳光小队。我们的口号是勇往直前，永不言败。

邓鸿锦：大家好，我叫邓鸿锦。

江雨恩：大家好，我叫江雨恩。

余诺涵：大家好，我叫余诺涵。

黄耀莹：大家好，我叫黄耀莹。

梁芷瑄：大家好，我叫梁芷瑄。

余诺涵：进入第二部分，来看看我们去了哪里吧！6月2日，我们参加了一场非常快乐的研学活动！在这次活动中，我们不仅收获了很多快乐，还学到了很多课本上没有的知识。

江雨恩：我们第一站去了露天矿博物馆，第二站去了好心湖畔，第三站去了好心林。

邓鸿锦：在这次研学的过程中，我们边走边玩边学，还完成了一张任务单哦！

余诺涵：走进露天矿博物馆，我们知道了茂名有一种可以燃烧的石头，名字叫油页岩。这种石头可以提炼出石油。在"石化科普馆"中，我们还知道了用石油可以生产出塑料瓶、桌子、建筑材料等。在导游姐姐的介绍中，我们学习到了老一辈石油工人身上的拓荒精神。这不正是我们茂名的好心精神吗？

江雨恩：通过"中国油田分布图"，我们知道了很多关于油田的小知识哟！你们知道吗？原来我们广东省最靠近南海油田哦！

黄耀莹：来到美丽的好心湖畔，我们看到了美丽的树木、五颜六色的花朵、蓝蓝的湖水。天空中还有快活的鸟儿。

梁芷瑄：看看我们画笔下的好心湖畔吧！

邓鸿锦：来到好心林，我们拿出准备好的软尺去给大树量腰围。我们测量的是2号树，它的腰围是54厘米。我们观察到这是一棵高大的树木，它的叶子绿绿的。

余诺涵：我们小组还观察了好心湖的水，我们发现水没有颜色，闻了一下发现水没有味道，水非常清澈。为了保护好心湖，我们可以多种植树木，不能往好心湖里面扔垃圾，不能随意下去玩水。

邓鸿锦：在这次的研学之旅中，我虽然走得很累，但是很开心。

江雨恩：第一次和同学们一起吃午饭，离开爸爸妈妈的帮助，我们也可以哦！

余诺涵：我们一起量了大树的腰围，真的很有趣，明年我还要去量一量。

黄耀莹、梁芷瑄：我都已经开始期待明年的研学之旅了呢！

所有人：谢谢大家的聆听，请大家投我们一（6）班阳光小队一票吧！

一（7）班研学汇报稿

杨文浠：尊敬的各位评委老师好，我们是代表一年级7班参加研学活动汇报的。我们是"光宗耀组"，我是组长杨文浠，我们的组员分别是崔芷宁、吴沛雨、叶玟僖、杨文浠、朱祖翰。下面由我们组带来研学活动汇报，我们组的PPT展示分为五部分。

崔芷宁：第一部分是茂名因油而生。研学当天，我们来到的第一站是博物馆。我们了解到茂名有一种可以燃烧的石头，叫油页岩，这种石头可以提炼出石油。石油是现代工业社会最重要的原料。通过导游姐姐的讲解，我们了解到用石油可以生产出塑料瓶、桌子、建筑材料等。就像歌中唱的，"咱们工人有力量"，挖掘机开启民族的富强，把一滴滴汗水流进土壤，只为社会主义崭新的模样。老一辈石油工人们作为茂名的"拓荒牛"，让茂名发出万丈光芒，工人们的开拓精神和好心精神都值得我们去学习。

朱祖翰：第二部分是中国油气田分布图。根据左边的中国油气田分布图，我们可以知道在最下方的油田是南海油田，河南油田的上面是中原油田，江苏油田在河南油田的右边，广东省最靠近南海油田。

叶玟僖：第三部分是漫步好心湖，走进好心林。茂名露天矿生态公园的好心湖承载着城市的记忆，60年代被称为"南方油城"的茂名露天矿为国家建设做出了巨大的贡献。2013年，它华丽蜕变，通过引水、绿化、修路及建馆等建设成为生态公园。同时，秉承冼夫人"唯用一好心"的精神，2017年，它正式取名"好心湖"。我市全面打造"滨海绿城、好心茂名"的城市品牌。"好心文化"更是茂名人的文化沉淀。

叶玟僖：如今的好心湖被称为茂名的"马尔代夫"。在这里，我们可以看到绿绿的树木、美丽的花朵、清澈的湖水、可爱的鸟儿和蓝蓝的天空，好心湖是我们休闲的好去处。

叶玟僖："光宗耀组"测量的树木是8号，它的腰围是42厘米。由此可见，这是一棵粗壮的树木，而且它的叶子是碧绿碧绿的。

郑钥洺：第四部分是观察好心湖湖水。研学当天，我们到好心湖取了湖水样本回来观察。大家可以观察右图：湖水无色、有味、不浑浊。为了保护好心湖的水资源，我们小组成员给出以下建议：①禁止污废水未经达标处理直接排入好心糊；②禁止往湖里扔垃圾；③多种植树木。

吴沛雨：第五部分是我们"光宗耀组"的口号及成员自画像。我们的队名是"光宗耀组"，我们的口号是"齐心协力，力争上游"。左图是"光宗耀组"组员的自画像。

杨文浠：以上是"光宗耀组"的研学活动展示，感谢各位评委老师的耐心聆听，请各位评委老师批评指正，谢谢！

一（8）班研学汇报稿

谭：尊敬的老师、亲爱同学们，大家上午好！我们是一（8）班的展示小组，我们的队名是——

合：苹果队。

谭：我们的口号是

合：苹果最好吃，苹果最棒，苹果最厉害。

谭：我是组长谭智铭。

（组员逐个介绍自己的姓名，分别是陈美羽、吴思霖、全伟铭、叶润雷、赖虹颖、冯炫杰、叶欣怡、何智高）

合：行走好心湖畔，溯源好心精神，热爱家乡，感恩茂名！

谭：我们很开心在6月2日参加了由学校组织的这次非常有教学意义的研学活动！整个活动下来，不仅让我们学到了很多课本没有的知识，也开阔了我们的视野。走进大自然，我们一起探讨，这丰富了我们的学习经历和生活体验。我们一起回顾下当天的行程吧。

谭：第一站是露天矿博物馆，它具有悠久的矿业文化历史。第二站是好心湖畔，呈现在眼前的是非常广阔的湖面，湖水非常清澈。第三站是好心林，它是一片密集的树林，有的树干长得非常粗，有的树干比较细。下面请我的小伙伴为大家一一介绍。

陈：现在我带大家走进露天矿博物馆。走进露天矿博物馆，我了解了"先有露天矿，再有茂名市，茂名因油而生"的历史。博物馆一楼很大，我们看了城市记忆，参观了历史陈列馆，参观了露天矿生产建设遗留下来的生产机械、工具和生活用品以及图片等历史资料。在那里，我们看到了井口、恐龙化石、电动恐龙……在那里，我们拍了集体照，认真填写研学手册，服从导游小姐姐的安排，听老师指挥，和小伙伴分工合作，积极交流，分享心得体会，不懂就问，在组长的带领下一起完成研学任务单，度过了愉快的时光。下面一起来考考我们吧。

（1）茂名有一种可以燃烧的石头，名字叫（油页岩，又叫火山石），这种石头可以提炼出（石油）。

（2）在"石化科普馆"中，你发现用石油可以生产出（塑料瓶）、（桌子）、（建筑材料）等。

（3）老一辈石油工人作为茂名的"拓荒牛"，他们（开拓）的精神值得我们学习。这不正是我们茂名的好心精神吗？

这是"中国油气田分布图"，让我们一起来完成下面的任务吧！

（1）"中国油气田"排列在最下面的是（南海油田）。

（2）河南油田的上面是（中原油田）。

（3）江苏油田在河南油田的（右）面。

（4）（广东）省最靠近南海油田。

合：现在我们带大家来到好心湖畔，漫步好心湖畔，走进好心林，了解"南方油城"蜕变为"滨海绿洲"、茂名"向海而兴"新战略，探寻好心精神。我们了解到好心湖以前是一个废弃的大矿坑，垃圾成堆，烟尘滚滚，是城市的"伤疤"。如今的好心湖被称为茂名的"马尔代夫"，是我们休闲的好去处。这里有（茂密）的树木，有（鲜艳）的花朵，有（碧绿碧绿）的湖水，有（可爱）的鸟儿，有（蓝蓝）的天空。

叶：现在，我带大家认识好心湖的水。好心湖比较深，导游小姐姐让我们在原地休息，她帮我们取水。大家请看，好心湖的水是清澈透明的，没有味道，为了保护好心湖的水资源，我们不能乱扔垃圾，排污排废。谢谢大家！

赖：我们一起来看看我们小组测量的树木。我们测量的是这棵树，它的腰围是100厘米，这是一棵又高又壮的树木，它的叶子绿绿的。它的上面挂着一个牌子，写着"红棉"，它是红棉树。我们一个人都抱不住它呢。

叶：我们在好心湖畔休息，一起讨论，共同完成了这幅画。特别有意思的是，我们发现树上有植树的叔叔给小鸟搭的一个鸟窝，我们把它画了下来。这是我们坐的大巴车。我们也画了小木屋。我们还可以通过照相机展示更多的内容呢。

吴：导游小姐姐带我们来到小木屋，小木屋屋顶尖尖的，特别好看。小木屋旁的湖水蓝蓝的，阳光特别灿烂，就像一幅画。我们在那里分享了零食，拍了照片。吃完零食，我们捡起垃圾，放到袋子里，老师告诉我们要爱护环境，不能乱丢垃圾。

冯：那天真是有趣的一天，我们认识了导游姐姐、莫老师。虽然又累又饿，我们也去过很多次露天矿生态公园，但是我们班全班同学都参加了这次研学活动，我和我的小伙伴有说有笑，互相帮助，还发现了含羞草呢。

合：我们的展示完毕，谢谢大家！

一（9）班研学汇报稿

齐：老师们、同学们，大家上午好。我们是一（9）班的研学小分队，我们的名字是团结小队。我们的口号是读万卷书，行万里路。智慧研学路，精彩每一步。

齐：给我一个支点，我将撑起地球，给我您宝贵的一票，我不会辜负您的信任。请大家多多支持我们，投出你们宝贵的一票，谢谢。

杨之涵：我们在6月2号去了茂名市露天矿博物馆研学。我们在露天矿拍了许多好看的照片，还了解到了许多关于茂名"因油而生"的历史。

陈美怡：走进博物馆，我们一起学习了好心精神，感受了茂名的人文风采。

陈美怡：茂名市露天矿博物馆的导游为我们讲述了油页岩与茂名崛起的历史，我们体会到了劳动人民的无穷创造力。

周原熠：漫步好心湖畔，我们看到了蓝蓝的湖水，蓝天白云非常美丽，在这里，我们认真完成了研学任务。

周原熠：我们了解到好心湖以前是一个废弃的大矿坑，垃圾成堆，烟尘滚滚，是城市的"伤疤"。如今的好心湖被称为茂名的"马尔代夫"，是我们休闲的好去处。

易苇城：走进好心林，我们一起量了树的腰围，我们量了2号树，它的腰围是15厘米。我们小组分工合作，杨之涵负责填写任务单，其他成员一起寻找答案，陈美怡负责在任务单中画风景，最后，大家一起完成了队员的自画像。

李云菲：研学的一天，我们欣赏到了大自然的奇妙景色，认识到了世界的美好与神奇，同时，我们知道了保护环境的重要性。

李云菲、吴应辉：为了保护好心湖的水资源，我们要做到以下几点：不乱扔垃圾，节约用水，保护好心湖旁边的植物。爱护环境，人人有责！保护环境，从我做起，从小事做起。

齐：以上是我们的研学报告，请大家投我们一票，谢谢大家！

（吴应辉认真观察屏幕按翻页笔，陈美怡领奖）

一（10）班研学汇报稿

齐：各位老师、同学，大家早上好！我们是一（10）班的"行动派"，我们的口号是：读万卷书不如行万里路。

吴海钺：这是我们团队的自画像。我是帅气的主持人吴海钺，我是组长。

阮思睿：你我是爱打篮球的阮思睿，我是副组长。

劳业升：我是爱踢足球的劳业升。

齐：在开始研学汇报前，请大家欣赏我们的研学剪影。

吴海钺：亲爱的队友们，我想考考你们，你们知道这图上的是什么吗？

劳业升：我知道。我来给大家介绍介绍：这是油页岩，是一种可以燃烧的石头，在研学旅途中，我们的导游在露天矿博物馆里介绍过，这种石头可以提炼出石油。在"石化科普馆"中，我还了解到用石油可以生产出塑料瓶、鞋子、衣服、建筑材料等。

吴海钺：你真棒！懂得了这么多，真是不虚此行呀！在这次博物馆之旅中我们虽然没能上到二楼，但在老师的指导下，通过任务单上的"中国油气田分布图"，我们知道了在中国地图最下面的是南海油田，河南油田的上面是中原油田，江苏油田在河南油田的右面，我们广东省是最靠近南海油田的。

阮思睿：你们介绍了博物馆，就由我来给大家介绍我最喜欢的好心湖吧！听说好心湖以前是一个废弃的大矿坑，垃圾成堆，烟尘滚滚，是城市的"伤疤"。如今，你们看，这里有高大的树木、美丽的花朵、清澈的湖水、自由快活的鸟儿、蓝蓝的天空。晚上，妈妈只要有空都会带着我来好心湖畔散步。

李树扬：我还知道，前年春天，我们学校在好心湖畔捐种了26棵好心之树，它们现在已经慢慢长大啦！我们组测量了8号树，它的腰围已经长到50厘米了呢！

阮思睿：漫步在好心湖畔欣赏美景时，我们还请导游叔叔帮我们取了一瓶好心湖的水，通过观察，大家可以看到水是透明的，闻一闻，它是没有气味的，摇晃时也不会浑浊。

吴海铖：习近平总书记说过一句话，"绿水青山就是金山银山"。为了保护好心湖的水资源，我们小团队集体向大家倡议：

不往湖里乱扔垃圾，不往湖里排污水。

保护湖水生态环境，关爱绿水青山。

最后，我们呼吁同学们一起加入保护水资源的行列。

齐：龙头开关要关好，不能让水白流掉。洗脸水、洗衣水、废水可以再利用。人人节约一滴水，积少成多也是宝。你来我来大家来，养成节约好习惯。节约要从我做起，从不浪费水和电。节约意识留心中，节约行动齐动手。

一（10）班研学汇报完毕，谢谢大家！

一（11）班研学汇报稿

谭怡琳：各位老师、同学，早上好，我们是一（11）班研学小组中的一组成员，我们的队名是——

合：暴风队。

谭怡琳：我们的口号是——

合：不怕风雨，勇往直前。

谭怡琳：2022年6月2日，我们研学去了好心湖畔，去了露天矿博物馆，去了好心林，行走在好心路上，进一步了解了好心茂名。

我们的团队团结友爱，队员间互相合作，因此我们在班级7个研学小组中脱颖而出，下面请大家来认识我们！

（小组成员一句话自我介绍）

谭怡琳：我是暴风队里个子最高的、眼睛会笑的主持人谭怡琳。

庞靖扬：我是暴风队里阳光帅气、皮肤最黑的队长庞靖扬。

李梓铭：我是暴风队的胖乎乎、虎头虎脑的李梓铭。

陈子淇：我是暴风队的娇小又可爱的陈子淇。

张乐怡：我是暴风队里画画最好看、长得也不赖的张乐怡。

柯雅晴：我是暴风队的文雅的萌妹子柯雅晴。

谭怡琳：接下来，请大家欣赏我们的研学成果，看看我们班的研学小视频。

（播放视频）

研学任务一：庞靖扬

我们走进了露天矿博物馆，了解了"先有露天矿，再有茂名市，茂名因油而生"的历史。看，这是我们的研学身影，我们一起参观博物馆，发现了开采矿场的工具，才知道旧时茂名石油工人不怕苦不怕困难的好心精神，这种精神值得我们学习。我们发现：茂名有一种可以燃烧的石头，名字叫油页岩，它可以提炼出石油。工人用石油可以生产出塑料瓶、鞋子、衣服、桌子等。好心茂名！弘扬茂名好心精神，从我们做起！

研学任务二：陈子淇、李梓铭

陈子淇：在博物馆二楼展示的"中国油气田分布图"中，最下面的是南海油田，河南油田的上面是中原油田。

李梓铭：江苏油田在河南油田的下面！而且，广东省是最靠近南海油田的！所以我们要保护油田！

研学任务三：张乐怡

漫步好心湖畔，走进好心林。如今的好心湖被称为茂名的"马尔代夫"，是我们休闲的好去处。这里有高大的树木、五颜六色的花朵、清澈的湖水、快活的鸟儿、蓝蓝的天空。

在好心林，我们测量的是20号树，它的腰围是15厘米。我们由此可知，这是一颗正在茁壮成长的树木，它的叶子是绿色的。

研学任务四：柯雅晴

取一壶好心湖的水，看，水不浑浊，是清澈透明的。打开一闻，这水啊，有一股臭臭的味道，所以为了保护好心湖的水资源，我们可以这样做：

（1）保护湖周边的土壤。

（2）不往湖里扔垃圾。

（3）不向湖里排动物粪便及废水。

（4）保护湖周边的植物。

（5）节约用水。

保护好心湖，人人有责，从我做起，我们大家要爱护好心湖！

结束语（谭怡琳）：以上是我们暴风队的研学展示，请大家支持我们，鼓励我们！谢谢！

一（12）班研学汇报稿

尊敬的各位老师（陈悦琪）、各位同学（李礼贤），大家早上好（陈悦琪、李礼贤），我们是（李礼贤）青青草原队（大家）！下面将由我和我的组员为大家进行一年级研学汇报！（陈悦琪）

陈悦琪：首先，请大家看大屏幕上的这张图片，相信大家已经很熟悉了，这是我们美丽的露天矿生态公园，也是茂名好心精神的摇篮，那过去的它又是什么样的呢？接下来请我的组员杨嘉琪给大家介绍露天矿的历史。

杨嘉琪：在研学前，老师利用直播课给我们普及了露天矿的基本情况。1954年，我们国家在这里发现了大量珍贵的油页岩矿产，因此，决定在1958年进行大力开采。丰富的石油矿产给我们的生活带来了便利，也让茂名成为一座美丽的南方油城；但与此同时，过度的开采让露天矿成了一片荒地，留下了一个个矿坑和一道道"伤疤"。

陈悦琪：那么，现在那里怎么样了呢？

杨嘉琪：现在露天矿变化可大了，2013年，茂名市政府决定发扬好心精神，关闭污染企业，植树造林，建立生态公园。百闻不如一见，接下来请我们组李礼贤带我们欣赏露天矿生态公园的景点吧！

李礼贤：下面请大家跟着我来到旅途的第一站——博物馆。第一次走进博物馆，我就觉得这个地方真大呀！它里面放着好多生产机器、工具和生活用品的模型，我还看到了许多人物蜡像，他们栩栩如生。听了导游老师的讲解，我知道了当时的工人们是在恶劣的环境下一点点把矿产挖出来的，他们不辞辛苦、坚韧不拔，靠双手将茂名建设成了美丽的南方油城。工人们吃苦耐劳的精神值得我们学习！

谭镇浩：我同意！工人叔叔阿姨们不怕苦、不怕累的精神值得我们学习！那接下来去哪一站呢？

蔡俊宏：不要着急，现在请大家跟着我的脚步来到美丽的好心湖畔吧！"中国巾帼英雄第一人"冼夫人说过一句话："我事三代主，唯用一好心。"好心湖就是由此命名的。第一次看到好心湖，我就被它的美丽所深深吸引住了，它的湖水是这么蓝，它的面积是这么大，我和组员们用矿泉水瓶装了一瓶湖水，水干净透明，一点杂质都没有，可神奇了！

杨嘉琪：是呀是呀，我们大家还一起画了一幅好心湖的美景，那里有绿油油的树木，有美丽的花朵，有干净的湖水，有可爱的鸟儿和蓝蓝的天空，谁能想到这里以前是个废弃的矿坑呢！

李礼贤：看来我们茂名将露天矿打造成了一个风景迷人、鸟语花香的天堂！那下一站我们要去哪里呢？

陈浩宇：我来说！我们最后要去的地方是一片茂密的好心林。听老师说，好心林是由许多人种植而成的。2020年，我们东湾学校也在那里种了许多好心之树呢！

陈悦琪：我想起来了！导游老师让我们带着软尺去量了这些树苗的树围和高度，它们真的在一年年长大呢！

李礼贤：是呀！茂名这个"好心之城"的好心精神也像植树一样，一代一代人种，一代又一代人传。弘扬冼夫人的"好心精神"，继续建设美丽的滨海新城！

陈悦琪：没错，无论是博物馆、好心湖还是好心林，都是我们茂名人努力的见证。感谢学校为我们提供了这样一个宝贵的机会走出校门，让我们体会到了露天矿生态公园的独特魅力！我们的汇报到此结束，谢谢大家！（鞠躬）

（四）活动通讯稿

行走好心湖畔，溯源好心精神
——茂名市东湾学校一年级研学活动

廖雁 黄茵

读万卷书，行万里路，为了培养文理兼得、身心两全、素质全面的综合型人才，茂名市东湾学校以"小学追本溯源，中学四海弘扬"为指导思想，发展特色河湾课程体系"云游课程"，通过学科融合等方式，打破学科界限，全面推进素质教育，提高学生户外实践能力，传递茂名好心精神。

2022年6月2日，茂名市东湾学校一年级举行了以"行走好心湖畔，溯源好心精神"为主题的研学活动，走进美丽的茂名市露天矿生态公园，感受露天矿的独特魅力，追溯好心精神的源头。

研学前，为了促进研学之旅的顺利开展，一年级老师采取双师课堂互动模式，囊括历史、音乐、美术、数学和科学等学科，从景点简介、研学任务和必学技能三个方面进行详细讲解，使学生对本次活动具备初步认识。

研学当天，随着一辆辆大巴车驶离学校，伴着欢快的歌声，同学们终于来到了心心念念的露天矿生态公园。在导游的指引下，同学们行动迅速，整齐排队，有序地跟随工作人员参观。

第一站：茂名市露天矿博物馆。

博物馆一共三层，一楼主要展示了露天矿建设生产遗留下来的生产机械、工具和生活用品以及图片等珍贵历史资料，还重现了许多当时工人辛苦劳作的历史情境，体现了工人吃苦耐劳的精神；二、三楼分别是石化科普馆和多功能厅，由于疫情防控，此次研学并未参观。

听着导游的讲解，同学们认真参观博物馆的陈列品，大胆提出疑问，互相讨论，并在老师的指导下完成了研学任务单上的小组作业。

第二站：好心湖。

迎着灿烂的阳光，同学们来到美丽的好心湖。曾经是废弃矿坑的好心湖，如今湖光粼粼，清澈透明，变成了茂名的"马尔代夫"。"中国巾帼英雄第一人"冼夫人说过一句话："我事三代主，唯用一好心。"好心湖由此而命名。

同学们行走在好心湖畔，一边欣赏美丽的风景，一边听着导游的讲解。为了近距离观察，各小组用矿泉水瓶装湖水，仔细研究它的水质、气味和透明度，然后与小组成员讨论保护水资源的方法。

第三站：好心林。

"好心林"是2019年茂名建市60周年之际，通过各界人士捐赠、种植，在茂名露天矿好心湖畔打造的一片植树林。2020年，东湾学校种下的好心之树，如今已经枝繁叶茂。

为了更直观地感受小树的成长，同学们仔细观察树干、树叶的形状和颜色，并用软尺测量树木的腰围，在任务单上记录下来。

参观完三个景点后，伴随着欢快的笑声，一年级研学之旅圆满结束。

研学结束后，一年级各班级就研学期间的见闻进行了总结汇报，各班以小组为单位，展示班级特色，为评委们展示他们精心制作的任务单，结合多媒体平台，图文并茂地分享研学中的点点滴滴。

展示结束后，学校党支部书记、校长卢春年同志进行总结。卢校长首先对一年级同学的收获和感悟表示赞扬与肯定，指出此次研学是为了给同学们提供一个宝贵的平台去了解茂名历史，传承好心精神；也希望同学们能够继续参加以后的研学活动，收获更多的知识和独特经历，同时要努力学习，积极参加各类活动，为建设美丽茂名贡献出自己的一份力量。

2022年6月18日

（五）研学照片

（1）同学们在双师课堂中认真听讲，提前为研学做好准备。（图7-4-21）

图7-4-21

（2）到达博物馆后，阳光很灿烂，同学们笑得也很灿烂。（图7-4-22）

图7-4-22

（3）同学们在导游和老师的带领下，有序地排队进行参观。（图7-4-23）

图7-4-23

（4）同学们互相讨论，完成研学任务单上的小组作业。（图7-4-24）

图7-4-24

（5）迎着灿烂的阳光，同学们来到美丽的好心湖取水观察。（图7-4-25）

图7-4-25

（6）为了更直观地感受小树的成长，同学们仔细观察树干、树叶的形状和颜色，并用软尺测量树木的腰围和高度（图7-4-26），在任务单上记录下来。

图7-4-26

（7）通过研学，同学们学到了很多。听听同学们的汇报，看看同学们画的画吧！（图7-4-27）

图7-4-27

二、二年级研究案例

【2020—2021学年度】

（一）研学任务单（图7-4-28、图7-4-29）

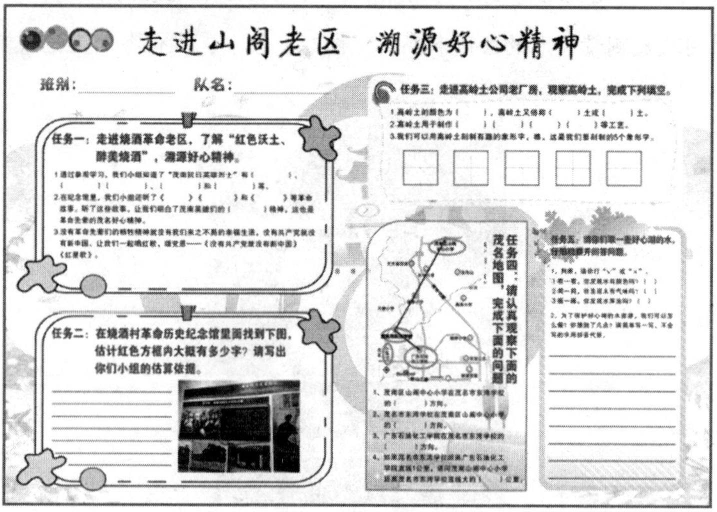

图7-4-28

图7-4-29

（二）双师课堂教学设计

2020—2021学年度

走进山阁老区，溯源好心精神

二年级研学之旅"语文＋数学＋科学"双师课堂教学设计

设计者：廖 雁 黎统全 詹伟锋

【教学目标】

（1）文化自信目标：溯源茂名好心精神，弘扬茂名传统文化，培育好心少年，厚植学生热爱家乡、感恩家乡的情感。

（2）语言运用目标：通过研学合作活动，提升个人交际能力和语言表达能力，为今后个人发展奠定基础。

（3）思维能力目标：通过例题引导学生观察学校周边地图，回顾估算的方法、方位的知识应用、角的判断，掌握估算和判断方向的实际应用能力，培养学生的形象思维和逻辑思维。

（4）审美创造目标：体会到数学和科学知识在实际生活中的运用，培养学生学以致用的能力和发现大自然的美的能力。

【教学重点】

（1）数学：掌握估算方法、判断方位的方法和角的分类并进行实际运用。

（2）科学：了解治水方法，了解保护水资源对人类的重要性。

【教学过程】

一、数学部分

1. 复习估算的方法

（1）出示杯子装黄豆的两幅例题图（图7-4-30），回顾估算豆子数量的方法。

图7-4-30

（2）出示一篇数学小故事，回顾估算文中有多少个字的方法。

祖冲之自幼喜欢数学，在父亲和祖父的指导下学习了很多数学方面的知识。一次，父亲从书架上给他拿了一本《周髀算经》，这是一本西汉或更早期的著作。书中讲到圆的周长为直径的3倍。于是，他就用绳子量车轮进行验证，结果却发现车轮的周长比车轮直径的3倍还多一点。他又去量盆子，结果还是一样。他想圆周并不完全是直径的3倍，那么，圆周究竟比3个直径长多少呢？在汉代以前，中国一般用"3"作为圆周率数值，即"周三径一"。这在计算圆的周长和面积时，误差很大。祖冲之在刘徽创造的用"割圆术"求圆周率的科学方法基础上，运用开密法，经过反复演算，求出圆周率为3.1415927＞π＞3.1415926。这是当时世界上最精确的数值，他也成为世界上第一个把圆周率的准确数值计算到小数点以后7位数字的人。直到1000多年后，这个纪录才被欧洲人打破。圆周率的计算，是祖冲之在数学上的一项杰出贡献，有外国数学史家把π叫作"祖率"。

设计意图：估计物体的数量时可以灵活地采用不同的方法进行估算。可以根据行、列来算，也可以圈出一部分，以圈出的一部分作为标准来估计，学会用估算的方法解决生活中一些现实问题。

2. 学习辨认实际地图上地点的方向

出示学校周边的实际地图，引导学生观察地图，教学生学会看手机地图，并找到东湾学校、大园一路、滨江生态公园、桥北公园等标志性地点，回顾方向板中的东、南、西、北、东南、东北、西南、西北这八个方向，并在这个实际地图中运用这八个方向判断刚刚找到的地点所在的相对位置。

设计意图：表示几个事物分别在一个事物的哪个方向，就以这个事物为观测点来判断其他事物的方向。让学生学会方位词。

3. 复习辨别角的分类

出示下图（图7-4-31），组织学生回顾锐角、直角、钝角的特征并进行判断。

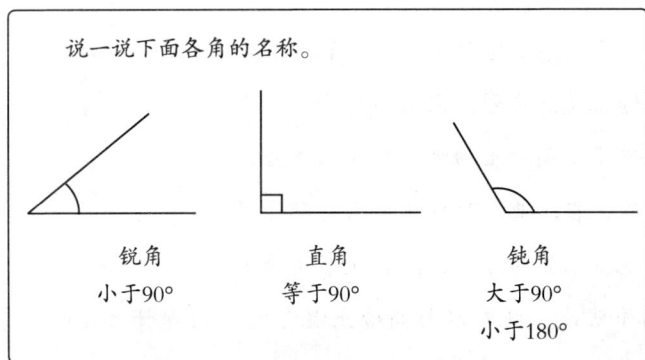

说一说下面各角的名称。

锐角	直角	钝角
小于90°	等于90°	大于90°
		小于180°

图7-4-31

设计意图：在研学过程中找到生活中的这些角，并说说可以借助什么来判断。让学生知道角在生活中的运用。

二、科学环节

1. 复习旧知

我们在学习、认识、观察物体时，可以运用眼看、手摸、鼻闻、耳听、嘴尝的方式。一年级时我们知道了水是无色、无味、透明、可以流动的液体。

2. 学习新知

今天，我们来认识一种新的物质，这种物质叫高岭土。它是一种非金属矿产，用途十分广泛，主要用于制造纸、陶瓷、耐火材料、涂料，还可以用来制作日用品，也是重要的国防工业科技必需的材料。我们的山阁镇就生产高岭土，当地人们称它为白泥。同学们，它跟我们平时见的泥土有什么区别？（出示高岭土样本）

请同学们想一想，我们应该用什么方法去认识它？

设计意图：引导学生通过以下五种方法认识物体。

眼看：白色的固体。

手摸：硬硬的，用力捏会碎。

鼻闻：无味。

耳听：不会发出声音。

嘴尝：不明物体，不可以用嘴尝试。

3. 拓展知识

研学时，请同学们思考并回答以下几个问题。

（1）高岭土是怎样开采出来的？

（2）简单了解高岭土的生产和加工流程。

（3）高岭土在工业、科技等方面有哪些用途？

（4）用观察物体的方法，认真观察高岭土。

（5）动手实践，观察水与高岭土混合时会出现什么样的现象，并详细记录。

4. 课堂小结

同学们，认识一种物体，最好的办法就是近距离接触、观察，懂得运用我们所学习的知识解决问题，期待你们的发现。在实践过程中，如果你们有什么新的发现或者疑问，请记录下来，与小伙伴一起交流研究。

设计意图：让学生通过不同的方法了解高岭土的特点，通过小实验发现有趣的科学现象。这种多感官实践活动更好地调动了学生的兴趣和积极性。

【教学总结】

这节课我们复习的几个知识点，都是在接下来的研学之旅中需要同学们实际运用的。我们要带着课本知识去研学。同学们要学会做个有心人，才能发现生活中还有更多我们学过的知识哦。读万卷书不如行万里路，行万里路不如边读、边走、边思考、边实践。

2020—2021学年度

走进山阁老区，溯源好心精神

二年级研学之旅"语文＋书法＋音乐"双师课堂教学设计

设计者：廖 雁 张梅君 钟美燕 梁竞文

【教学目标】

（1）文化自信目标：溯源茂名好心精神，弘扬茂名传统文化，培育好心少年，厚植学生热爱家乡、感恩家乡的情感。

（2）语言运用目标：学会合作、交流，并能大方自然、有礼貌地展示作品。

（3）思维能力目标：学习在高岭土泥块上刻画象形字，了解象形字及其演变过程，培养形象思维能力。

（4）审美创造目标：通过观察象形字、欣赏红歌，提高审美认知水平，培养审美创造能力。

【教学重难点】

（1）溯源茂名好心精神，弘扬茂名传统文化，培育好心少年，厚植学生热爱家乡、感恩家乡的情感。

（2）学会合作、交流，并能大方、有礼貌地展示作品。

（3）通过观察象形字、欣赏红歌，提高审美认知水平，培养审美创造能力。

【教学过程】

一、谈话导入

（1）同学们，还记得我们去年"漫步东湾校园，探寻好心资源"的研学活动吗？去年因为疫情，我们的课程是在学校里进行的。

（2）我们二年级的研学活动很快就要开始了，开不开心啊？我们学校的研学地点都是小东江流经的地方或附近的镇，我们二年级要去的地点是山阁镇。

（3）出发前，我们一起来了解一下这次研学的地点。

二、结合图片，简单讲解烧酒村

（1）地理位置，烧酒村的基本特点。

（2）烧酒村革命历史的意义（烧酒抗日武装起义第一枪）。

（3）简单介绍烧酒革命历史博物馆的特点。

三、结合图片，了解高岭土

（1）高岭土旧厂房装置。

（2）高岭土开采场地。

（3）高岭土的特点和作用。

（4）高岭土对当地经济的影响及其现状。

四、书法老师展示用高岭土刻制象形字

（1）老师出示高岭土软泥，让学生看一看、摸一摸、捏一捏、说一说，感受高岭土软泥的特点。

（2）老师出示"水"字由象形字到现代汉字的变化图，学生观察。

（3）学生说说象形字的特点。（由图画文字演化而来，是一种最古老的字体，可以根据字体想象画面）

（4）老师示范在高岭土软泥上刻画象形字"水"。

（5）学生观察象形字图片，猜字。（山、日、月、田、鱼、羊）

（6）老师指名学生上台尝试刻画一个象形字。

（7）师小结：欣赏完象形字，现在我们来欣赏几首歌。今年是中国共产党建党100周年，我们来学习两首红歌吧。

五、音乐老师带领全班同学唱红歌

（1）老师播放《没有共产党就没有新中国》乐曲，请会唱的同学举手。

（2）老师指名学生唱一段。

（3）老师指导学生唱，分组比赛，看哪组最快学会。

（4）老师播放《闪闪的红星》电影片段，简单介绍《红星歌》。

（5）学生跟着音乐学唱，小组比赛唱歌。

六、学生展示作品

（1）老师出示前一年的研学任务卡。小组讨论：如何介绍小组的作品才能令大家都记住？

（2）小组讨论。

（3）小组尝试展示。

（4）老师点评。（从组员合作过程、团队口号、每人参与介绍、唱说演跳等多角度来点评并加以指导，要求展示时做到大方自然、有礼貌）

（三）研学照片

茂名市东湾学校2020—2021学年度二年级研学照片

（1）学生来到第一站白泥厂老厂区。（图7-4-32）

图7-4-32

（2）学生在白泥厂认真听导游讲解。（图7-4-33）

图7-4-33

（3）学生来到第二站烧酒革命历史博物馆。（图7-4-34）

图7-4-34

（4）学生边参观烧酒革命历史博物馆边填写研学任务单。（图7-4-35）

图7-4-35

（5）学生小组合作，用高岭土刻甲骨文。（图7-4-36）

图7-4-36

（6）学生的甲骨文作品。（图7-4-37）

图7-4-37

第七章 研究成果

（7）廖雁主席为优秀小组颁奖。（图7-4-38）

图7-4-38

（8）各班学生代表投票选出优秀研学任务单。（图7-4-39）

图7-4-39

【2021—2022学年度】

（一）研学手册（图7-4-40、图7-4-41）

图7-4-40

图7-4-41

（二）双师课堂教学设计

2021—2022学年度

走进山阁老区，溯源好心精神

二年级研学之旅"语文+书法+音乐"双师课堂教学设计

设计者：廖 雁　简嘉苗　钟美燕　李晓菲

【教学目标】

（1）文化自信目标：了解山阁镇烧酒村革命历史，进行红色教育，弘扬茂名革命先辈英勇无畏的好心精神，弘扬茂名传统文化，培育好心少年，厚植学生热爱家乡、感恩家乡的情感。

（2）语言运用目标：学习用高岭土刻画象形文字演变的过程，小组进行全班汇报，培养学生的交际表达能力。

（3）思维能力目标：了解高岭土的用途和价值，并展示研学作品及小组形象，培养学生创新思维。

（4）审美创造目标：感受中国传统文化象形字的美。

【教学重难点】

（1）了解山阁镇烧酒村革命历史，弘扬革命先辈英勇无畏的好心精神。

（2）了解高岭土的用途和价值。

（3）学习在高岭土软泥上刻画象形文字的方法。

【教学过程】

一、谈话导入

（1）同学们，一年一度的研学活动马上要开始了，期待吗？一年级我们去了哪里呢？对！好心湖畔。今年我们要去的是山阁镇。

（2）回忆一下，我们的研学要去寻找什么精神？你知道好心精神有哪些吗？

（3）出发前，我们一起来了解一下我们这次研学的地点。

二、图文结合，了解"醉美"烧酒村

（1）烧酒村具体的地理位置及概况。

（2）烧酒革命历史博物馆的由来。

（3）为什么称"醉美烧酒"？

三、图文并茂，初识高岭土

（1）观看高岭土体验馆的相关视频。

（2）了解高岭土的特点和作用。

（3）对高岭土体验馆几大板块进行介绍。

（4）了解山阁镇高岭土对当地经济的影响。

四、书法课程

用高岭土刻制象形字。

五、合唱爱国歌曲

音乐老师带领全班同学唱《没有共产党就没有新中国》《红星歌》，进行爱国教育。

六、学习展示作品

（1）出示前一年的研学任务卡。小组讨论：如何合作介绍自己小组的成果？总结方法：合作分工、人人参与、大方得体、声音响亮、文明有礼、亮点突出。

（2）各小组练习展示。内容：如何分工合作？如何设计团队口号？如何设计队徽？如何让你们的介绍吸引他人？

（3）同学互评，教师点评。

2021—2022学年度

走进山阁老区，溯源好心精神

二年级研学之旅"语文+数学+科学"双师课堂教学设计

设计者：廖 雁 谭俏丽 黄应丽

【教学目标】

（1）通过例题、观察学校周边地图回顾估算的方法、方位的知识应用、角的判断，掌握估算和判断方向方法的实际应用能力。

（2）知道小东江的地理位置及其重要性，认识小东江的变化，树立保护环境的意识，掌握保护水资源的方法。

（3）体会到数学和科学知识在实际生活中的运用，培养学生学以致用的能力，激发学生的学习兴趣。

【教学重点】

（1）数学：掌握估算方法、判断方位和角的方法并进行实际运用。

（2）语文、科学：利用多种感官认识水的特征，学会保护水资源。

【教学过程】

一、数学环节

1.复习估算的方法

（1）出示杯子装黄豆的三幅例题图，回顾估算豆子数量的方法。

（2）出示一篇数学小故事，回顾估算文中有多少个字的方法。

（3）小结：估计物体的数量时可以灵活地采用不同的方法进行估算。可以根据行、列来算，也可以圈出一部分，以圈出的一部分作为标准来估计。

2.学习辨认实际地图上地点的方向

（1）出示学校周边的实际地图，引导学生观察地图，教学生学会看手机地图，并找到东湾学校、大园一路、滨江生态公园、桥北公园等标志性地点，回顾方向板中的东、南、西、北、东南、东北、西南、西北这八个方向，并在这个实际地图中运用这八个方向判断刚刚找到的地点所在的相对位置。

（2）小结：表示几个事物分别在一个事物的哪个方向，就以这个事物为观测点来判断其他事物的方向。

3.复习辨别角的类型

（1）出示四幅图，组织同学们回顾锐角、直角、钝角的特征并进行判断。

（2）小结：在判断角的类型时，可以借助三角尺进行判断。

二、语文、科学环节

1.了解小东江的地理位置

出示小东江地图，了解小东江的源头和流域。

2. 认识小东江的重要性

从人文地理入手讲解，指出小东江是河东片区和河西片区紧密接连的纽带。

3. 认识小东江的变化

出示2015—2020年小东江的变化图，感悟环境变化带给人们的影响。

4. 认识小东江的水

通过展示图片、观察实物的方式认识水的特征。

5. 保护小东江的水

引导学生从节约用水和减少水污染这两个角度思考保护水资源的方法。

三、总结

这节课我们复习的几个知识点，都是在接下来的研学之旅中需要同学们实际运用的。我们要带着课本知识去研学。同学要学会做个有心人，才能发现生活中还有更多我们学过的知识哦。读万卷书不如行万里路，行万里路不如边读、边走、边思考、边实践。

（三）活动通讯稿

走进山阁老区，溯源好心精神

廖 雁　邱家青　柯小玲

为大力溯源好心精神，拓展学生的学习空间，丰富学生的学习经历和生活体验，茂名市东湾学校于2022年6月2日，组织二年级学生开展以"走进山阁老区，溯源好心精神"为主题的研学活动。

在这个初夏，学生兴致勃勃地来到了革命老区村庄——烧酒村，进入茂南区抗日武装起义陈列展馆。在这里，学生认真聆听讲解员的解说，通过大量珍贵历史图片和代表性实物，了解了抗战历史，知道了很多革命战士的事迹，多角度地了解了茂南区抗日武装起义的光辉历史，体会到了革命先烈不屈不挠的革命精神。他们大声地唱响《没有共产党就没有新中国》和《红星歌》，以表达他们对革命战士的钦佩和敬意。

随后，二年级师生来到高岭土科技公司，学生走进展馆，通过认识自然学习新知。在认真地聆听了讲解员的解说后，学生认识了高岭土，知道了高

第七章　研究成果

岭土的别称及高岭土的资源分布、应用领域、开发历程、加工技术和未来前景等。之后，学生仔细地观察展馆中的高岭土，迫不及待地想用高岭土制作泥塑字。这段趣味盎然的研学之旅，让学生走近高岭土、感受高岭土、触摸高岭土，在旅行的过程中陶冶情操、增长见识、感受祖国大好河山不同的自然景观和人文环境。

下午，师生回到学校，在结合研学过程中学到的知识完成了研学任务单后，开始了盼望已久的制作泥塑、刻画文字的环节。只见学生有模有样地加水、和泥、揉团、刻字和上色。一个个稚嫩却有特色的方块字跃然泥上，学生脸上露出了满意的笑容。游中有学，行中有思，学生通过行走的课堂提高了实践和创新能力。

6月8日上午，二年级各班的研学小组代表在阶梯教室进行研学汇报。他们举止落落大方，声音清脆，汇报内容形式多样，整个汇报精彩纷呈，博得了评委和嘉宾的一致好评。

你看，二（3）班研学小组自信大方地开始了他们的研学汇报，给自己起了一个寓意深远的队名——红色种子队，代表着革命火种代代传，红色种子发新芽！他们讲述了在这次研学活动中学习到的革命先烈的事迹和他们的伟大精神。

二（5）班的研学组员们在汉字进化及发展史的视频前，身穿汉服，以泱泱大国的端庄气度，行汉之大礼，手捧研学时制作的泥刻字，优雅大方、自信满满地展示着他们的手工作品。

最后，学校党支部委员、校长卢春年，工会主席廖雁为优秀研学汇报小组颁奖。

此次研学之旅是一次知行合一的体验，学生走出课堂，在研学中主动提问、主动探究、主动学习，在实践中成长，在快乐中学习。此次研学之旅让学生播种梦想、放飞希望、积蓄力量，他们将带着一颗永不倦怠的求索之心继续前行！期待东湾学子从此"研行"一致，在社会的大课堂里茁壮成长！

2022年6月2日

（四）研学汇报稿

二（1）班研学汇报稿

大家早上好！现在我代表二（1）班做这次研学成果的展示汇报。

去研学前，老师和我们讲了准备事宜和安全守则。同学们都认真记下了，并且自己准备了行装。

我们的研学任务一是走进烧酒革命老区，了解"红色沃土，醉美烧酒"，溯源好心精神。在陈列馆里，我们认识了郑奎、罗秋云、陈华等抗日英雄烈士，听了他们的革命故事，学习了茂南英雄们的英勇抗战精神，感受到革命先烈的茂名好心精神。后来，我们一起唱红歌，颂党恩。没有革命先烈的牺牲精神，就没有我们的幸福生活，没有共产党就没有新中国。

我们的研学任务二是走进高岭土体验馆，观察高岭土。我们了解了高岭土是一种以高岭石族黏土矿物为主的黏土和黏土岩，因最早发现于我国江西景德镇高岭村而得名；认识了高岭土的分类——软质、砂质、硬质高岭土。高岭土广泛应用于造纸、陶瓷、橡胶、石油化工等领域。我们还用高岭土自制泥板并刻出其中一个象形字的演变过程。

我们的研学任务三是观察茂名地图，寻找学校与山阁中心小学的方位。俗话说：读万卷书，行万里路。我们学会将实际所见与学科知识联系起来，明白了知识来源于生活，应用于生活。通过这次研学，同学们更加积极主动参与集体活动，在活动中听从指挥、守时守规、互相帮助、互相分享、团结友爱、乐于交流、积极分享心得体会。感谢学校组织这次研学活动。

二（1）班研学成果报告到此结束。谢谢大家聆听！

二（2）班研学汇报稿

戴业展的感想：

今天我们去参观了红色景点，明白了现在的幸福生活是多么的来之不易，是革命先烈用鲜血换来的，所以，我们要努力学习，学好本领，将来更好地建设国家，这样才能对得起革命先烈。我们不会让你们白白牺牲的。我们一定可以接好革命先辈的班，把祖国建设得更加富裕，更加繁荣！

张桂诚的感想：

泥塑制作看着不难，实际却是有些难度的。这是我第一次制作泥塑。我们首先将高岭土进行摔打、加水、糅和，这样可以将泥中的杂质混合，使泥塑没有裂迹。作品想设计得好，还得多下功夫。这一次，我的作品设计得还不够好，有了这一次的经验，下次我肯定可以做得更好！

李铭洋的感想：

我想制作象形文字"山"字的泥板，但加水是个技术活。水加多了，土块变泥汤，没办法成型；水加少了，土块又太硬，没办法捏形状。我手里这个小小的泥塑作品，可是我呕心沥血的创作。泥塑制作太有趣了。

陈滢淳的感想：

我刚开始捏泥塑时，捏得歪歪扭扭，试了好几次都不满意，我开始有点灰心了。就在我抱怨的时候，老师在一旁鼓励我："别灰心啊！做什么事都要认真，不怕挫折！"于是，在老师的鼓励和指导下，我终于捏好了造型。等泥塑干了以后，我仔细地在上面绘画图案，你们看，我的作品已经有模有样了。

这次制作泥塑的经历让我懂得了：只有经过不断的努力，遇到挫折不气馁，才能把事情做成功。

二（3）班研学汇报稿

殷瑞：尊敬的各位评委老师，大家好。上周四，我们走进了山阁老区，溯源好心精神。现在，我们从"我们的团队""研学路线""研学任务"和"我们的感想"四个方面为大家汇报研学成果。

齐：我们是"红色种子队"。

殷瑞：我是上知天文，下知地理的梁殷瑞。

映竹：我是优雅的陈映竹。

乔然：我是美丽的莫乔然。

睿果：我是娇小玲珑的陈睿果。

皓钧：我是搞笑的谭皓钧。

雅文：我是可爱的邓雅文。

施渊：我是聪明的许施渊。

乐婷：我是活泼的曹乐婷。

齐：我们的口号是"革命火种代代传，红色种子发新芽！"

映竹：这是我们的队徽。

乔然：橄榄枝代表着和平。圆形代表着地球。红领巾是红旗的一角，代表着革命火种代代传。星星代表着希望。嫩芽代表着我们。太阳代表着光明和温暖。整个队徽寓意着我们这些祖国的花朵在党的光辉照耀下茁壮成长，为世界的和平贡献力量。

映竹：在研学前，学校老师通过上直播课的形式提高了我们研学的兴致。我们怀着无比激动的心情踏上了研学之旅，走进了茂南区抗日武装起义陈列展馆。我们通过导游哥哥的介绍以及参观馆史资料，认识了英雄人物龙思云、李云杰。

施渊：李福南。

乐婷：李桂品、陈华。

皓钧：还了解到"浴血奋战苏上鹤""下崩塘突围""吴八奶机智擒敌探"等英雄故事。

映竹：革命先辈英勇无畏的精神深深震撼了我们，组员曹乐婷写下了研学日记。

乐婷：那些英雄都有一个特点——英勇奋战。那时候，日本侵略我国，百姓生活在水深火热之中，是革命先辈毅然奋起反抗。我们这一代人一定要好好学习，武装自己的头脑。

殷瑞：我们明白没有革命先辈的前仆后继，就没有我们现在的幸福生活，让我们唱响红歌，歌颂党恩。

齐唱：红星闪闪放光彩，红星灿灿暖胸怀。红星是咱工农的心，党的光辉照万代。红星是咱工农的心，党的光辉照万代。

映竹：长夜里红星闪闪去黑暗。

映竹：寒冬里红星闪闪迎春来。

......

施渊：在博物馆里，我们还估算了一段话大概有多少字。因为字最多的一行有三十几个字，共有十一行，所以，我们估算这段话有三百多个字。我们觉得这太有意思了，汉字清楚地把宝贵的历史记录下来，不愧是传承文化的瑰宝。

皓钧：如果说博物馆让我们铭记了历史，那高岭土科技馆便引领我们开创未来。

睿果：走进高岭土体验馆，我们听讲解员叔叔的介绍，看了不同种类的高岭土样本，知道高岭土是一种以高岭石族黏土矿物为主的黏土和黏土岩，因最早发现于我国江西景德镇高岭村而得名。高岭土分为沙质高岭土、硬质高岭土和软质高岭土，广泛应用于涂料、铅笔、造纸等领域。我们还用高岭土泥板刻出了"山"的象形字演变过程。

（皓钧拿泥板）

映竹：我们查看地图，知道了——

殷瑞：茂南区山阁中心小学在茂名市东湾学校的东北方向。

施渊：茂名市东湾学校在茂南区山阁中心小学的西南方向。

乐婷：广东石油化工学院在茂名市东湾学校的东南方向。

雅文：借助三角板工具，我们判断出地图上的三个地点可以连成一个钝角。

殷瑞：东湾学校坐落于小东江畔，处于两条支流交汇成人字形的拐弯处。据了解，小东江还是茂名市的母亲河。为了保护小东江的水资源，我们想到了以下几点。

雅文：

（1）不往河流里乱扔垃圾。

（2）不浪费水资源，及时关掉水龙头。

（3）注重水的二次利用，如洗完手的水可以拿来冲厕所。

睿果：

（1）加大保护水资源的宣传力度。

（2）多植树造林。

皓钧：读万卷书，行万里路。通过本次研学，我们了解了茂名这片古老的土地的历史，溯源好心精神，感恩家乡的革命先辈为我们建设了美好的家乡。现在，让我们用实际行动，从小事做起，守护我们美丽的家乡。

乔然：通过和同伴一起学习、一起探讨、一起完成研学任务单，我体会到了主动和同伴合作、相互交流、互帮互助的喜悦。

映竹：我还知道，在团队里，我们要敢于发表自己的看法，也要虚心接受别人的建议。我们非常喜欢学校的云游课程。以后，我们要将茂名的好心精神——

齐：带出河湾，让茂名好心精神冲出大海，走向世界。

映竹：我们的研学成果汇报完毕，谢谢各位评委老师的耐心倾听。

（齐弯腰，排队退场）

二（4）班研学汇报稿

齐：尊敬的领导、老师，亲爱的同学们，大家早上好！

予希：我们是二（4）班的文明队，我们队的口号是——

齐：文明礼让，我们最棒，不怕困难，勇敢前进。

予希：这个是我们合作设计的队徽，外形像只蝴蝶，翅膀上有圆圈、爱心、星星，表示我们小组能团结友爱、努力发光。蝴蝶会飞也寓意着我们一路研学，努力将学校的知书达礼、文明礼让的精神传播出去。

予希：这是我们小组成员个人风格突出的自画像。

予希：接下来，我将带领大家了解我们的研学之旅。

予希：第一站，我们班的同学列队整齐地走进烧酒革命老区，了解茂南抗日英雄烈士，聆听革命故事，学习英雄精神。雨分，你跟大家分享一下吧。

雨分：我们认真参观、学习，从中知道了"茂南抗日英雄烈士"有钟正书、龙思云、刘炳燊、陈华、车振伦等。同时，在纪念馆里，我们听导游姐姐介绍了"铜墙铁壁堡垒户""吴八奶机智擒敌""浴血奋战苏上鹤"等革命故事。听了这些故事，我们感受到了茂南英雄们坚强、不畏艰苦的精神，这也是革命先辈的好心精神。没有革命先辈的牺牲就没有我们来之不易的幸福生活，没有共产党就没有新中国。对了，千竣，我们也学过这首红歌呢！你还记得怎么唱吗？

千竣：当然记得啦，（唱）没有共产党就没有新中国……

千竣：我们学唱红歌，颂党恩，感受革命先辈精神。我们还学会了运用数学知识估算馆里一个革命故事的字数呢！嫦茵，你跟大家说说看吧！

嫦茵：我们在烧酒革命历史博物馆里找到了一个革命故事（图5-2-1）。我们运用所学的数学知识对全部字数进行了估算。我们估算红色方框内大约有290个字。估计的依据是：一行大约有29个字，有10行，29×10等于290。我发现在参观博物馆时也能用到数学知识，数学时刻在我们身边啊。

予希：第二站，我们走进高岭土体验馆。瞧！我们班的同学都在仔细参观、认真记录，寻找着任务单上问题的答案，了解高岭土究竟是什么。思妙，你跟大家分享收获的成果吧。

思妙：我们知道了高岭土是一种以高岭石族黏土矿物为主的黏土和黏土岩，因最早发现于我国江西景德镇高岭村而得名。高岭土可分为砂质高岭土、软质高岭土、硬质高岭土。高岭土广泛应用于造纸、涂料、橡胶等领域。

予希：第三站，我们回到了学校，用高岭土制作了泥板，这是我们最期待的活动了！看，我们班的同学专心地制作高岭土泥板并刻字。

予希：这是我们小组的高岭土泥板成品，我们在上面刻了"山"的象形字演变过程。

千育：我们在研学前的指导课上还知道了可以用学到的东、南、西、北等方位知识看地图说位置。我们知道了山阁中心小学在我们学校的东北方向，我们学校在山阁中心小学的西南方向，广东石油化工学院在我们学校的东南方向，这三个地点在地图上形成了一个钝角。这一点用三角板就能验证了。

巧薇：我们在研学前的指导课上也知道了保护小东江水源的重要性。我们可以这样做来保护水资源：①不要往小东江里扔垃圾。②用完的水可以再次使用。③用完水要及时关水龙头。④不能浪费水。

予希：在这次研学过程中，我们认识到没有革命先辈的牺牲就没有如今美好的生活，我们要珍惜当下。我们在日常生活中用到的那么多东西居然都跟高岭土有关，看来生活中还有很多新奇的东西等待着我们去学习探索，我们会保持求知心继续前进的。

予希：以上就是我们小组汇报的全部内容，谢谢大家！

二（5）班研学汇报稿

第一部分：开场白+自我介绍

梁舒瑶：尊敬的各位领导、老师，亲爱的同学们！

合：大家早上好！我们是二（5）班研学汇报的代表。

我们的队名是：胜利队。我们的口号是：胜利！胜利！勇敢前进，不怕困难，就是胜利！我们的队徽是——（老师帮忙出示图片，同学的表情要认真）我们的画像是——（老师帮忙出示图片，同学们看到自己的画像时可以开心地笑）

梁舒瑶：我是梁舒嬬。

（走去给同学拿麦说话）

赖庭轩：我是赖庭轩。

郭欣怡：我是郭欣怡。

李芷珊：我是李芷珊。

梁锦松：我是梁锦松。

戴骐骏：我是戴骐骏。

梁钧注：我是梁钧注。

李宛禅：我是李宛禅。

李天宇：我是李天宇。

梁舒瑶：我们去了高岭土体验馆，认识、了解了高岭土，并且用高岭土制作了各种各样的泥塑。

第七章 研究成果

（开始介绍同学的作品）

梁舒嫣：现在让我们的组员们来展示一下我们用高岭土制作的艺术品吧！

（1）有请我们的文化大使戴骐骏给我们展示"水"字的甲骨文泥刻字。

（2）有请我们的文化大使李芷珊给我们展示"水"字的小篆泥刻字。

（3）有请我们的文化大使梁锦松给我们展示"水"字的隶书泥刻字。

（4）有请我们的文化大使郭欣怡给我们展示"水"字的楷书泥刻字。

（5）有请我们的文化大使李宛禅给我们展示神秘的泥刻字。

二（6）班研学汇报稿

齐：各位老师、同学，早上好，我们是二（6）班的汇报小组。

陈宇轩：今天我们将从以下三点来进行汇报：第一点是我们的小组，第二点是研学行程，第三点是成果分享。

晨景：首先第一点，我们的组名是——

齐：奇思妙想组。

秦晨景：我们的口号是——

齐：试试才知道。

陈宇轩：我是组长陈宇轩。

秦晨景：我是副组长秦晨景。

陈怡颖：我是组员陈怡颖。

杨晰云：我是组员杨晰云。

苏雨琪：我是组员苏雨琪。

谭轩：我是组员谭轩。

周芷妍：我是组员周芷妍。

朱宴锋：我是组员朱宴锋。

陈宇轩：第二点是研学行程。我们的班级分为了五组，每组8～9人。在开始研学之前，我们还有研学课堂，年级老师给我们讲解了研学的任务以及注意事项。

陈怡颖：我们的第一站是高岭土体验馆，第二站是茂南抗日武装起义陈列展馆，第三站是高岭土泥塑初体验。

苏雨琪：早上8点，我们出发了。在高岭土体验馆里，工作人员给我们讲解了很多关于高岭土的知识。我们认识了高岭土，高岭土又叫瓷土、陶土、白土、观音土。我们还知道了茂名高岭土的应用领域，高岭土主要应用于造纸，涂料、陶瓷、橡胶等工业领域。

杨晰云：这是我们每一年的标准动作——趴在地上写我们的研学手册。

周芷妍：第二站，我们来到了茂南区抗日武装起义陈列展馆。在展馆里，我们体会到了革命先辈的牺牲精神，没有革命先辈的牺牲，就没有我们的幸福生活。没有共产党就没有新中国。在展馆里，我们依然非常认真地学习。

朱宴锋：第三站，我们回到了学校，和高岭土来了一次近距离的接触。在做泥塑之前，我们需要用水把高岭土揉软。接下来，我们每个人都做了自己的泥塑。

谭轩：第三点是我们的成果——高岭土泥塑分享。之后我们一起打扫了卫生，将桌子擦到发亮，一起收拾垃圾。我们每个人都有一盒自己的泥塑。瞧，这是我们的自画像！

齐：以上是我们二（6）班的研学汇报，感谢大家。

二（7）班研学汇报稿

尊敬的各位领导、老师，亲爱的各位同学：

早上好！我们是二7班的火焰队。（逐一介绍自己）我们的口号是：众人拾柴火焰高！（齐说）这是我们小组设计的队徽：（展示图片）火焰代表激情燃烧，寓意我们小组是一个团结向上、充满力量和激情的团队。

都说读万卷书不如行万里路，非常感谢东湾学校组织了这次研学之旅，让我们有机会接触社会和大自然，体验了一天"不一样"的学习。

现在，由我们小组代表二（7）班来做研学成果汇报。第一站，老师带领我们来到茂南区抗日武装起义陈列展馆，展厅简洁庄重，通过大量珍贵的历史图片全方位地展示了抗日英雄的光辉历史。（展示相片）这是我们班同

学参观学习的照片，同学们怀着无比崇敬的心情，认真聆听英雄们的英勇事迹。（展示任务一）

第二站，我们走进了高岭土体验馆。在这里，同学们充满了好奇心。你看，他们睁着一双双求知若渴的小眼睛，专注地听讲解员讲解，认真地做笔记。我们小组同学共同讨论，完成了任务三。（展示任务三，逐一汇报）

参观完高岭土体验馆，接着是我们最感兴趣的泥塑活动。你看，这是我们小组在泥塑活动中的照片，我们小组同学齐心协力地完成了许多作品。（展示作品，放照片和视频）

通过一天的学习，我们收获很大。

感谢学校为我们组织了这次研学之旅，让我们在开心之余学到了满满的知识，以后我们会好好学习，努力成为对祖国有用的人。（齐说）

二（8）班研学汇报稿

齐：尊敬的领导、老师，亲爱的同学们，早上好。我们是二（8）班的开心小队。我们的口号是：开心，开心，永远开心！

邱浯淇：我们的队徽是一只小兔子，因为兔子很可爱，我们都喜欢它。这是我们的自画像——柯钰晴、周晞琳、谭惠恩、李敏慧、郭俊秀、周子域，还有我。（点到名字就往前走一步）

谭惠恩：参观烧酒革命老区后，我们知道了很多茂南抗日英雄烈士，如车振伦、黄明德、陈华、龙思云和钟正书，还听了"浴血奋战苏上鹤"等革命故事。我们要学习革命战士不屈不挠的革命精神。

李敏慧：据我们估算，这幅图里有310个字。（展示图片）

周晞琳：走进高岭土体验馆，我们知道高岭土的主要成分是高岭石族，最早发现于高岭村。它可以分为砂质高岭土、硬质高岭土和软质高岭土，用途广泛，在橡胶、石油化工和医药等领域都有应用。这是我们用高岭土刻出的"山"字，请欣赏。

柯钰晴：通过认真观察地图，我们发现茂南区山阁中心小学、广东石油化工学院分别在我们学校的东北方向和东南方向。三所学校形成了一个钝角。我们可以借助尺子来判断。

齐：我们小队的研学汇报到此结束。感谢大家的聆听。（鞠躬）

二（9）班研学汇报稿

鸿：各位老师、同学——

齐：大家早上好！

鸿：我们是二（9）班的研学汇报小组。6月2日，我们二年级学生参与了以"走进山阁老区，溯源好心精神"为主题的研学活动。

吕：我们参观了烧酒村、茂南区抗日武装起义陈列展馆，了解了革命烈士的英勇事迹。

豪：我们走进了高岭土体验馆，认识了用途广泛的高岭土。

鸿：现在由我们来为大家做研学汇报。我们是——

齐：清华北大队！

鸿：我们的口号是——

齐：左脚清华，右脚北大，清华北大齐拿下！

彭：接下来，由我来为大家介绍我们的队徽。我们的队徽是圆形的，代表我们是一支团结的队伍。团结、友爱、勤奋、上进是我们团队的精神。队徽中间有一棵树，树上有一本书，代表我们认真学习、支持环保。树旁边有几只书的形状的小鸟，地上是一片绿油油的草地，代表我们生活在美好的环境中，在知识的海洋里遨游，我们努力学习，将来为保护环境做更大的贡献。

鸿：我们清华北大队由4男3女组成，现在由彭梓琳同学来为大家介绍我们的团队画像。

彭：这是……这是……这是……

莫：这次研学，我们走进了烧酒村革命老区，了解了"红色沃土，醉美烧酒"，溯源了好心精神。在陈列展馆里，我们知道了"茂南抗日英雄烈士"有郑奎、黄明德、陈醒吾、周楠和陈华等。这些革命先烈用生命保卫了家乡，用鲜血照亮了他们的爱国之心。

凌：在博物馆里，我们小组还听了"下崩塘突围""吴八奶机智擒敌"和"铜墙铁壁堡垒户"等革命故事。听了这些故事后，我们感受到了茂南英雄们的爱国精神，这也是茂名革命先辈的好心精神。

鸿：没有革命先辈的牺牲就没有我们的幸福生活，没有共产党就没有新中国。让我们一起唱红歌、颂党恩。

（齐唱《红星歌》）

冠：根据研学手册的提示，我们在烧酒革命历史博物馆里找到了这幅图（图5-2-1），红色方框内的字一行大概有25个字，有10行半，经过我们小组的估算，红色方框内大概有260个字。

吕：我们还走进了高岭土体验馆，通过讲解员的讲解，我们知道了高岭土是一种以高岭石族黏土矿物为主的黏土和黏土岩，因最早发现于我国江西景德镇的高岭村而得名。

（大家点头）

吕：高岭土可以分为——

豪：砂纸高岭土！

莫：软质高岭土！

冠：硬质高岭土！

吕：高岭土的用处可大了，它不仅可以运用到陶瓷、橡胶等领域，连我们日常用的彩笔、广告纸，甚至连化妆品都可以用到高岭土呢！

吕：我们不仅了解了高岭土，还动手自制了高岭土泥板，并在老师的指导下刻了"山""云"等字的演变过程，你们看，（指PPT）这就是我们用高岭土制作的象形字泥板，这真是很有意义的实践！

豪：通过观察东湾学校到山阁镇附近的地图，我们可以发现有趣的地理知识——

茂南区山阁中心小学在茂名市东湾学校的东北方向，茂名市东湾学校在茂南区山阁中心小学的西南方向，广东石油化工学院在茂名市东湾学校的东南方向，地图上这三个地点连线所组成的是一个钝角，可以借助三角尺判断出来。

韵：我们还观察了山阁镇小东江的水，我们发现，小东江的水几乎是没有颜色也没有气味的，但因为有杂质，所以有点浑浊。为了保护小东江的水资源，我们队伍想了许多办法，大家来听听我们是怎么保护水资源的吧！

吕：我们不能把垃圾丢进小东江里面。

豪：我们不能在江边大小便。

鸿：我们可以在江边插上保护江水的提示牌，提醒大家不要向江里扔垃圾，不要让小东江伤痕累累！

韵：我们还可以提醒工厂不能把废水直接排到小东江里。

鸿：我们可以请政府把江里的垃圾打捞上来，让小东江穿上崭新的衣裳！

鸿：这是我们组的研学报告。这次研学，加深了我们对家乡的认识，我们将努力学习，以革命先辈为榜样，为家乡、为祖国做贡献。

齐：谢谢大家！

鸿（大声地）：我们是二（9）班的清华北大队，记得投我们一票哦！

（五）研学照片

第一站　茂南区抗日武装起义陈列展馆

（1）二（6）班在茂南区抗日武装起义陈列展馆内合照。（图7-4-42）

图7-4-42

（2）二（3）班在茂南区抗日武装起义陈列展馆门口合照。（图7-4-43）

图7-4-43

（3）二（8）班学生在茂南区抗日武装起义陈列展馆内做任务。（图7-4-44）

图7-4-44

第二站　高岭土体验馆

（4）二（5）班在高岭土体验馆内合照。（图7-4-45）

图7-4-45

（5）二（7）班学生在高岭土体验馆内听管理员介绍高岭土矿石工业类型。（图7-4-46）

图7-4-46

（6）学生用高岭土做象形文字"山"字演变过程展示。下图为二（7）班学生用高岭土做的象形文字成品合照。（图7-4-47）

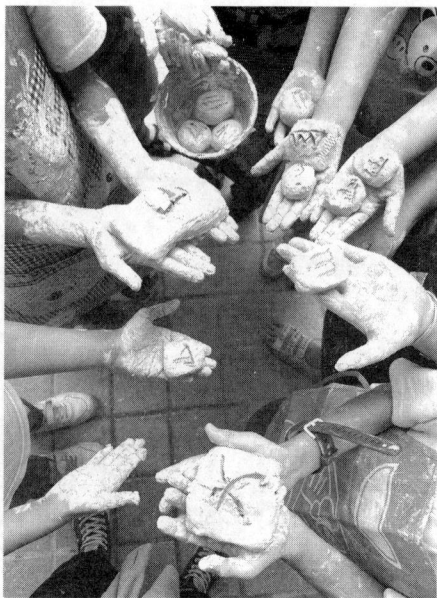

图7-4-47

（7）学生用高岭土做的象形文字成品合照。（图7-4-48）

图7-4-48

研学汇报

（8）研学汇报当天，吕进智副校长与获奖班级学生代表合照。（图7-4-49）

图7-4-49

（9）研学汇报当天，卢春年校长与获奖班级学生代表合照。（图7-4-50）

图7-4-50

三、三年级研究案例

【2021—2022学年度】

（一）研学手册（图7-4-51、图7-4-52）

图7-4-51

图7-4-52

（二）双师课堂教学设计

2021—2022学年度
走进大唐荔乡，溯源好心精神
三年级研学之旅"语文+书法+英语+历史"双师课堂教学设计

设计者：廖 雁　张梅君　李欣欣　李美莹　徐 婷

【教学目标】

（1）文化自信目标：溯源茂名好心精神，弘扬茂名传统文化，培育好心少年，厚植学生热爱家乡、感恩家乡的情感。

（2）语言运用目标：能清楚准确地完成研学任务单上的任务，词句表达准确；结合研学见闻，大方自信地表达自己的研学收获，并进行展示。

（3）思维能力目标：通过观察、分析、比较，运用所学英语知识，选择恰当的英语句式和单词来描述荔枝。

（4）审美创造目标：通过感受、欣赏描写荔枝的诗和书法作品，学唱歌颂荔枝的歌曲，体会荔枝文化。

【教学重难点】

（1）溯源茂名好心精神，弘扬茂名传统文化，培育好心少年，厚植学生热爱家乡、感恩家乡的情感。

（2）能清楚准确地完成研学任务单上的任务，词句表达准确；结合研学见闻，大方自信地表达自己的研学收获，并进行展示。

（3）通过感受、欣赏描写荔枝的诗和书法作品，学唱歌颂荔枝的歌曲，体会荔枝文化。

【教学过程】

一、音乐视频导入

播放音乐视频《缘是茂名荔枝来》。

（1）知道视频里的地方，明白歌唱的是荔枝。

（2）点明本次研学地点——高州根子镇。

（3）了解歌里改编了杜牧的一首非常有名的古诗。

二、了解写荔枝的古诗

（1）出示三首古诗，学生练习读，指名读。

（2）感受写荔枝的古诗的美。

三、了解歌唱荔枝的歌

（1）音乐老师出示《荔枝颂》部分歌词，先带领学生用粤语读，再教学生唱。

（2）学生观看《荔枝颂》粤曲视频。

（3）音乐老师教学生学唱《荔枝颂》。

四、了解"大唐荔乡"的历史

（1）出示高力士简介。

（2）讲述"高力士送荔枝的故事"，了解"大唐荔乡"的历史梗概。

五、认识贡园、认识古树荔枝

（1）出示贡园简介。

（2）观察两幅古树图片，说发现。

（3）英语老师介绍古树树牌特点及设英文版介绍的原因，让学生练习用学过的英文句式介绍荔枝。

（4）继续观察古树图片，说发现。

（5）了解"汉俚同根"古树代表的意义，体会冼夫人的好心精神，感受村民代代保护荔枝树的好心精神。

六、观荔亭，观荔枝

（1）了解观荔亭的意义，书法老师讲解观荔亭外墙书法作品的特点。（一幅完整的书法作品包括哪几部分？）

（2）了解"中华红"荔枝树的意义。

七、总结研学路线，指导研学展示。

（1）高州根子镇（路线：荔枝博览馆—贡园—红荔阁—桥头村）。

（2）研学归来，完成任务后进行展示。

要求：每个小组成员都要积极参与。

方式：说一说，唱一唱，演一演……

板书：走进大唐荔乡，溯源好心精神

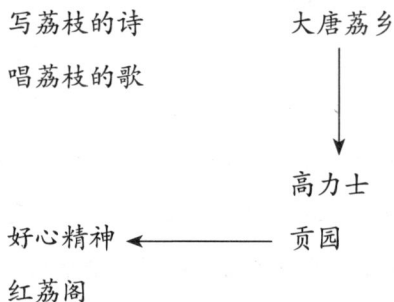

写荔枝的诗　　　　　大唐荔乡
唱荔枝的歌
　　　　　　　　　　　　↓

　　　　　　　　　　　高力士

好心精神 ←——————— 贡园
红荔阁

2021—2022学年度
走进大唐荔乡，溯源好心精神
三年级研学之旅"语文+数学+美术+科学"双师课堂教学设计
设计者：廖 雁　黎统全　詹伟锋　车巧芸

【教学目标】

（1）培养学生在研学过程中发现问题和解决问题的能力。

（2）从荔枝树、荔枝的色彩形状等发现荔枝的美，懂得集体创作一幅作品的分工。

（3）观察小东江根子河段的水质，懂得用身边的物品来过滤水。

（4）了解古代运输荔枝的方法，尝试设计荔枝保鲜装置并进行口头表述。

【教学重难点】

（1）引导学生在研学过程中发现问题和解决问题；

（2）集体创作一幅"荔枝"作品。

（3）尝试设计荔枝保鲜装置。

关注内容：

①学会看地图，从地图中估计两地间的距离。

②认识1平方千米的大小。

③教学方式：三（2）班在阶梯教室上课，其他班观看现场直播。

【教学过程】

一、初步认识比例尺，估算距离

（1）导语：在研学过程中，我们数学学科关注什么呢？大家有什么疑问吗？

（2）认识地图中的线段比例尺，知道线段比例尺的表示形式。

（3）从地图中找出今天关注的两个地方，通过线段比例尺估算两地的距离。

二、了解面积1平方千米的大小，了解分数1/3的意义

（1）因为要去根子镇，所以先看一段有关根子镇的报道。

（2）根据报道让学生了解1平方千米的大小。

（3）讲明分数1/3的意义。

（4）来到荔枝博览馆、贡园了解荔枝文化、荔枝品种。

三、带着问题进贡园，感受荔枝的美

（1）看到荔枝，感慨人生，了解年月的转化。

（2）观察古老的荔枝树以及不同品种荔枝的外形、颜色，创作荔枝图时每人要创作完整的一小部分，前面的同学画完，后面的同学接着创作。（美术老师）

四、观察水质，感受现代荔枝产业的兴盛。（科学老师）

（1）来到桥头村，每个小组长用矿泉水瓶装一瓶此段小东江的水，观察水质。介绍过滤水的方法并自制简易过滤工具。

（2）猜想古代是如何给荔枝保鲜并进行运输的。

（3）介绍现代的荔枝保鲜技术和方法。

（4）小组合作，尝试设计一套荔枝保鲜装置。

五、小结

小组合作能完成得更好。遇到问题，每个同学都应该开动脑筋，大家一起解决。

（三）研学汇报稿

三（1）班研学汇报稿

大家好，我是三（1）班的许珊珊，今天由我和廖思林进行我们小组的

研学汇报。

这是我要介绍的流程目录：一是我们的团队介绍，二是初识荔枝，三是走进贡园，四是观荔亭，五是美丽的元坝村，六是研学感想，七是研学汇报。

一是介绍我们的团队。我是队长，负责整队任务的分工安排和统筹。副队长廖思林负责协助我的工作并管理好队员。队员有李镇均、裴小东、陈天柱、吴铭洋、罗浩珊和邱子曦。队员主要的任务是负责记录所看到的景色的特点，把搜集到的资料进行汇总，选出部分资料，大家展开讨论，最后得出正确的结论。我们队的队名是：冒险小队。我们队的口号是：团结协作，勇往直前。

二是初识荔枝。这是在参观博览馆前拍的照片，我想给大家介绍一下荔枝。荔枝的品种有很多，今天我们想要介绍的是妃子笑。妃子笑是荔枝中的一种品种，别名落塘蒲、玉荷包。晚唐诗人杜牧有诗："一骑红尘妃子笑，无人知是荔枝来。"妃子笑这个品种就是因此而得名的。这是我们在博览馆中所拍的照片。我们小组的裴小东对博览馆有着很深的印象，接下来由他给大家进行分享。

大家好，我是三（1）班的裴小东，下面由我来为大家介绍中国荔枝博览馆。

首先，一走进博览馆映入眼帘的是一幅巨大的屏幕，这是多么的壮观！屏幕的旁边，装饰了星空的图画，太美了！我们走上二楼，令我印象最深刻的是一面墙，墙上有着各种各样的荔枝的介绍，如白糖罂、黑叶、妃子笑、桂味等。我们接着往前走，看到了一幅投影出来的画，上面画着红彤彤的荔枝和绿油油的叶子。我的分享结束，谢谢大家聆听。

三是走进贡园。这是我们在贡园里拍的照片。同学们在茫茫树海中寻找着任务单上的答案。走着走着，我们发现了一棵很特别的树，这是什么树呢？走近一看，原来是荔王树。图中左边这棵是荔王树，树干又粗又壮，树叶十分茂密。一看就知道这棵树是老树了，它的品种是白糖罂，它结出来的荔枝清凉可口、百吃不腻。我们都喜欢它，因为它有趣又奇怪。

四是观荔亭。观荔亭位于高州根子镇，建于1988年，为双层八角亭式建筑，亭旁有一棵著名的荔枝树。在此可眺望四周茫茫树海，十分壮观。若是在五、六月荔熟季节，漫步荔乡，一边看果，一边品荔，不禁会让人发出"日啖荔枝三百颗，不辞长作岭南人"的感慨。

我们小组的陈天柱对此地有着很深刻的印象，现在由他来给大家分享。

大家好，我是三（1）班的陈天柱，令我印象最深刻的地方就是观荔亭。红荔阁有一棵"致富树"——中华红荔枝树。正因为有了这棵树，根子镇才大大提高了知名度，荔乡人民受到了极大的鼓舞，我们的荔枝也名扬中外。

这是我们在观荔亭前拍的照片，另一张是我们在观荔亭从上往下拍到的美景，四周茫茫树海，十分壮观。

五是元坝村。我们小组的罗浩珊对这里有着非常深刻的印象，接下来由她给大家分享。

大家好，我是三（1）班的罗浩珊，我来给大家介绍这美丽的元坝村。元坝村成为远近闻名的荔枝销售、加工集散村，已形成"买世界，卖世界"的发展态势。2019年，该村各类产业总产值3.8亿元，其中荔枝产业链创造的产值2.5亿元，农民人均纯收入5.8万元。我的分享结束，谢谢大家。

六是研学感想部分。我们小组的成员在研学过程中遇到了几个困难，接下来由廖思林同学给大家进行分享。

大家好，我是三（1）班的廖思林。我们遇到的第一个困难就是如何进行分工。我讲一下我们的小组是如何分工的。在研学的前一天，老师就把我们分好组了，然后让我们组8个人商量谁带零食、马克笔、药物和笔记本……我们遇到的第二个困难是解决任务单的问题。任务单里面有一道题：说一说，下面完整的书法作品包括几点呢？分别写下来。我们上网查找，向别人请教，翻阅书籍……这不仅让我们找到了答案，也让我们学会了解决问题的方法。

七是研学汇报。为期一天的研学活动，我们收获满满。茂名荔枝种植历史悠久，品种丰富。这次的研学让我们认识了荔枝，也了解了荔枝的故事，体验了荔枝的采摘过程。在此，我们非常感谢学校领导精心给我们三年级安排了这次研学，让我们从中学习了茂名的文化和历史，也让我们的眼界更开阔。同时，谢谢老师们当天对我们无微不至的照顾，在未来，我们一定不辜负老师们的希望，好好学习，努力成为优秀的人。

我们的介绍到此结束，感谢大家的聆听。

三（2）班研学汇报稿

（出示PPT1）

子琪：尊敬的各位老师，亲爱的同学们，大家早上好！我们是三（2）班研学展示代表队，我们的队名是——

齐：团结队。

子琪：我们的口号是——

齐：团结一心，展现自我，共享乐果。

子琪：我是队长刘子琪。

嘉誉：我是副队长赵嘉誉。

俊宏：我是实力担当队员郭俊宏。

嘉乐：我是颜值担当队员蔡嘉乐。

三人齐说：我们是得力担当队员——

三人（分别自报名字）：陈俊灏、谭佩欣、曹晴玟。

子琪：现在由我来汇报我们小组的研学情况，这是我们小组共同完成的任务单（出示PPT2、3），我从三方面来介绍我们的研学收获。（出示PPT4）

（出示PPT5）

盼星星，盼月亮，终于盼来了研学，按照班级研学活动分组，我们7个为一组。出发前，我们成员建立微信群，明确分工，准备研学资料及用具，并且很快确定了我们小组的队名和口号，一切准备就绪，静待研学日。

（出示PPT6）

9点半我们来到第一站——中国荔枝博览馆。我们在里面共同学习了荔枝的起源和文化，学习了关于"荔枝"的古诗词。其中，"一骑红尘妃子笑，无人知是荔枝来"令我们印象尤为深刻。

（出示PPT7）

进入贡园，漫步荔乡，一起探寻历史。令我们小组最惊讶的一棵树是"迎客荔"，我们用笔将此树画了下来。我们还知道了高力士送荔枝的故事。

（出示PPT8）

午饭后，我们登上观荔亭，放眼望去，漫山遍野都是荔枝树，犹如波涛起伏的大海。在观荔亭一楼的外墙上，有一首写荔枝的古诗《岭南荔枝词》，令我们印象深刻。

（出示PPT9）

下午1点半，我们来到高州社会主义新农村——桥头村。这里山环水绕、生机勃勃，展现了一幅新时代乡村振兴的画卷。我们在这里取了一瓶小东江的水，用我们准备的滤纸，进行过滤水的实验。

（出示PPT10）

下午4点回到学校，我们合作完善任务单并进行了展示，我们小组得票最高，最终代表我们班进行年级展示。

（出示PPT11）

下面由我们的组员来分享他们各自的研学收获。

嘉誉：这次研学，让我收获了很多，不仅有知识的收获，更有精神的收获。在荔枝博览馆里，我知道了荔枝的起源、发展和价值，还知道了我们茂名荔枝在中国乃至世界具有明显优势。唐朝时，高力士把高州根子镇的荔枝带到长安，从此我们的荔枝文化得到了发展。这次研学让我吃了一顿荔枝文化大餐，令我特别难忘。

俊宏：我们在贡园里看到了很多树龄超过500年的古老荔枝树，一些树干已中空成洞，但果树还是长得非常茂盛，所结的荔枝粒粒饱满。这些树为什么能长得这么好呢？是因为果农们的辛勤管理。我要把这种"勤"精神用在学习上，做到勤学苦练，勤读书、勤思考。

嘉乐：夏日高挂，白云绵绵。在蔚蓝的天空下，姿态万千的荔枝树郁郁葱葱，遍布山野。成熟的荔枝像一个个小灯笼。你只要剥开红红的壳，轻轻一咬，甜津津的汁水就会甜到你的心里。这不禁让人想起苏轼的诗句："日啖荔枝三百颗，不辞长作岭南人。"这次研学后，我更愿意"长作"茂名人，因为这里有美味的荔枝。

俊灏：这次我们的研学地点是"大唐荔乡"。在荔枝博览馆里，我们了解了荔枝的历史和文化。在贡园里，我们看到了"历史回首""千手观音""汉俚同根""荔王"等古老的荔枝树，这些荔枝树太令我们惊讶了，我仿佛看到一代又一代的村民在守护着这些荔枝树，这正是他们的好心精神！

佩欣：在这次研学中，我觉得我们的组长很会分工，我们的组员也很配合，遇到意见不一致的时候，我们的组长就会及时协调。我为能加入这样的小组而骄傲。

晴玟：通过这次研学，我看到了许许多多的荔枝树，看到了一串串挂满枝头的荔枝。我们小组找到了大家心仪的荔枝树并画了下来。我们七人经过合作，顺利地完成了一幅荔枝树图。这次研学让我明白了团结合作可以让事情完成得更好。

子琪：感谢我们的每一个组员，因为大家的配合，所以我们小组才能顺利完成任务。我们都相信——

七人一起：（出示PPT12）团结一心，困难不近，研学更开心！

谢谢大家！（出示PPT13）

三（3）班研学汇报稿

各位评委老师好，我们将从以下两点谈谈在研学过程中的收获。

第一，我们这次研学的地点根子镇被称为"中国荔枝第一镇"。原因是茂名荔枝种植面积属根子镇最大，而且根子镇的荔枝品种最多、成熟最早、品质最好、产量最高。

第二，我们在被誉为"荔枝博物馆"的贡园里发现了一棵令我们印象深刻的老荔枝树，名为千手观音。这棵荔枝树的品种是白糖罂，已经有600年的树龄了。看！这棵荔枝树的树干由内向外呈放射状生长，几乎呈左右对称排列，像极了千手观音的形态，给人一种对称、平衡、安定的美感。因此，我们被这棵树深深吸引了，它真的太美了！然后，我们小组合力把它画了下来，这幅便是我们共同完成的作品。

以上是我们俩的发现，谢谢评委们的倾听，接下来看一下我们组其他组员的发现吧。

各位评委老师好，我们要分享的是贡园里的一棵老荔枝树，这棵荔枝树是"汉俚同根"，这棵树有800多年的树龄了，相传这棵树有一个动人的故事，下面就让我的同学来讲一下吧。

故事的主人公是汉族的高官冯宝和俚族的冼夫人。南北朝时期，汉俚两族杂居在古高凉一带，两族人民矛盾重重，极少来往。后来，汉官冯宝和俚族的冼夫人通婚了，他们的婚姻象征着俚族人和汉族人的结合，从此汉俚两族人民和谐相处、共同发展。高凉人民为了感谢冼夫人，就种植了这棵荔枝树。这棵荔枝树就是他们的化身，村民为其取名为"汉俚同根"。冼夫人这一举措，促进了汉族文化和俚族文化的融合，这是一种开放包容的好心精神，值得我们学习和铭记！

尊敬的评委老师好，请你们跟着我们的步伐来看看我们在观荔亭的发现吧！

来到红荔阁，我们发现红荔阁旁有一棵被围着的荔枝树，名为"中华红"。登上红荔阁，我们可以眺望四周茫茫的荔枝林，十分壮观！

看！我们还发现红荔阁外墙上有一首古诗，这首古诗是关于荔枝的，题为《岭南荔枝词》，这首诗讲述的是唐代著名宦官高力士给杨贵妃献荔枝的故事，而杨贵妃吃的荔枝正是我们高州贡园产的。

我们还发现这是一幅书法作品，这让我们联想到在学校学习的书法知识。一幅完整的书法作品包括正文、落款和印章。这幅作品的正文是"新歌初谱荔枝香，岂独杨妃带笑尝。应是殿前高力士，最将风味念家乡"，落款是"清阮元岭南荔枝词1999年夏夫兵书"。

以上是我们小组在本次研学过程中的所看、所知、所感、所悟。我们收获了许多，真真切切地感受和了解了我们家乡茂名的好心精神。

我们将永远热爱养育我们的这方土地，我爱我的家乡！谢谢！

三（4）班研学汇报稿

尊敬的各位老师，亲爱的各位同学，大家好！六月，骄阳似火，欢度儿童节后，我们三年级马不停蹄地展开研学实践活动。走访问询，念画唱作，我们用不同的方式，感受千年荔枝文化，追寻"唯用一好心"精神，领略新农村建设风光。下面，我们六人谨代表三（4）班与大家分享我们的收获！

我们将从三个方面汇报：一骑红尘妃子笑，原是茂名荔枝来（荔枝文化）；一湾碧水绕桥头，两岸荔红正飘香（新农村建设）；一用好心局面开，团队冲锋赢未来（好心精神）。

首先，我们向大家分享我们对荔枝以及荔枝文化新的认识。茂名已有2000多年的荔枝种植历史，唐朝时期荔枝已被列为朝廷贡品。贡园中树龄超过500年的老荔枝树有39棵，1300年以上的有9棵。茂名荔枝产量占全国的四分之一，茂名是世界最大的荔枝生产基地。全球每5颗荔枝就有1颗产自茂名。茂名荔枝有百余个品种，如挂绿、妃子笑、三月红、黑叶、桂味、白蜡、丁香等。全市荔枝从业人口达360万人，2021年我市荔枝网上销售达1523万件，出口至美国、加拿大、澳大利亚等17个国家。茂名荔枝加工食品有荔枝干、荔枝肉、荔枝罐头、荔枝红酒、荔枝饮料、荔枝醋等30多种。古人中谁爱吃荔枝？杨贵妃、苏东坡、白居易、杨万里等。与荔枝相关的诗词有百余首。茂名荔枝也因高力士、杨贵妃、冼夫人而出名。虽然荔枝小，但是它的美味、它的历史、它的创新正助力我们茂名形象的提升和经济的发展。

接着，我们用几句诗向大家分享我们在观荔亭和桥头村看到的新农村的新面貌。

登红荔阁

红荔阁前好风光，碧波荡漾荔红香。

中华红果甜又靓，根子荔枝走四方。

游桥头村

炎夏日暖新村游，秀美风光入眼眸。

椰香荔红松柏翠，蓝天碧水彩云柔。

宽街广场蝶飞舞，洋房俏果荡小舟。

农村景象面容新，庄户人家乐悠悠。

最后，我们想用一个小视频来总结我们班、我们小组在研学过程中的点点滴滴。记得那天天气炎热，我们努力调整自己的状态，互相鼓励，团结合作，完成研学实践活动。这也是一种收获，也是好心精神的体现吧！

我们的汇报完毕，感谢大家！

三（5）班研学汇报稿

走进大唐荔乡，溯源好心精神。大家好，我们是三（5）班先锋队。今天就由我来分享我们小组的研学学习成果。

我们先去了中国荔枝博览馆，了解了关于荔枝的相关知识，了解了"一骑红尘妃子笑，无人知是荔枝来"这句诗的含义，更是看到了不同种类的荔枝。然后，我们前往贡园，近距离接触了荔枝林，看到了很多挂在枝头的圆鼓鼓的荔枝。最后，我们前往了观荔亭，领略了大自然美好的风光。

接下来，我们小组完成了学习任务单上的任务。我们通过任务单得知，茂名以荔枝为头部农产品，茂名荔枝主产区分布在高州、茂南和电白，根子镇被称为"中国荔枝第一镇"。

我们还知道了，观荔亭旁的书法作品有三个要点：一是正文，二是落款，三是印章。

以上是我们小组的汇报，谢谢大家。

三（6）班研学汇报稿

（全组背诵《食荔枝》）

陈思庭：各位老师，各位同学，大家早上好！我们是"植物守护队"。（全组回答）我们的口号是：保护植物，人人有责。（全组回答）这是我们的团队形象，树木围栏围起来一个圈，代表我们……（此部分由莫基燊和吴忠桦组织好语言，思庭讲述）

下面让我们一起走进大唐荔乡，一起来到茂名市高州根子镇，了解茂名荔枝文化历史。接下来由我们的组员吴忠桦和谢钰雯带大家初识荔枝，了解荔枝产业。

吴忠桦：2018年，茂名获批创建国家现代农业产业园。产业园以荔枝为主导产业，种植面积约240平方千米，占全市种植面积的1/3以上，共涉及高州、茂南和电白的11个乡镇206个行政村。根子镇因荔枝种植面积最大、品种最多、成熟最早、品质最好、产量最高而被称为"中国荔枝第一镇"。

谢钰雯：若1平方千米=100万平方米，那么茂名荔枝种植面积约240万平方米。茂名体育中心足球场面积约为8000平方米，由此可见，茂名荔枝种植面积有3个茂名体育中心足球场那么大。

陈思庭：接下来让我们的组员继续带大家走进"贡园"，探索历史。

2020年，中国荔枝产业大会在高州市根子镇贡园举办。（和蔡贤俊互动）贡园门口有一副对联：一骑红尘妃子笑，缘是茂名荔枝来。这是根据"一骑红尘妃子笑，无人知是荔枝来"这两句诗改编而来的。除此之外，我们还积累了其他描写荔枝的诗句，如"日啖荔枝三百颗，不辞长作岭南人。"（和莫基燊互动）

贡园里最令我们惊讶的一棵树是"和平荔"，因为它的树身上有许多大洞，它的品种是黑叶，它的树龄约1300年。（和罗浩航互动）

贡园里有一棵荔枝树叫"汉俚同根"，相传有一个动人的故事，故事的主人公是汉族的冯宝和俚族的冼夫人，"巾帼英雄第一人"——冼夫人的好心精神在茂名代代相传。"汉俚同根"已有800年树龄了，800年等于9600个月，约288000天。（和莫基燊互动）

贡园里的很多老树都有自己有趣的名字，中文名字下都用英文翻译出来了，如"汉俚同根"的英文是Ent Wined Tree，"荔王"的英文是The King Tree。

陈思庭：Do you like lychees?

其他组员回答：Yes, I do。

我们在贡园观察了好多老树，并根据我们观察得到的荔枝树的特征和形态，绘制了如下荔枝树的画。（周晓榆介绍讲解画图）

通过大家的介绍，我们一次次读懂贡园1300年荔枝树的模样，真是感慨万千。观荔亭前有一棵著名的荔枝树，名为"中华红"。（和袁梦互动）

观荔亭一楼的外墙上有一首写荔枝的古诗《岭南荔枝词》。这首诗告诉我们茂名唐代名人高力士送给杨贵妃吃的荔枝是我们高州贡园产的。（和罗浩航互动）

我们从中可见一幅完整的书法作品包括正文、落款、印章三部分。（和邓赵乐互动）

著名粤剧演员红线女的一首《荔枝颂》曾唱响南粤大地，此刻，登上观荔亭，让我们再次唱响这首经典。（全组成员边唱边做几个粤剧的动作）

让我们站在观荔亭上欣赏这棵"中华红"荔枝树，在此可眺望四周茫茫树海，十分壮观。

我们在研学时用矿泉水瓶取了一瓶小东江的水。因为水中有杂质，所以我们想办法进行了过滤去除杂质。下面由吴忠桦和蔡贤俊分享我们小组的过滤方法。（吴忠桦和蔡贤俊）这是我们过滤的结果（拿周四过滤好的水下去展示），右边是过滤前的，左边是过滤后的，可见过滤后的水清澈了很多。

据说全球每10颗荔枝就有1颗来自高州，元坝村的荔枝远销世界各地，元坝村由此走上了乡村振兴之路。但荔枝的保鲜是一大难题。古人使用竹筒保鲜荔枝进行运输，现在人们使用什么方法保鲜荔枝进行运输？据我们了解，现在我们可以……（运送方法）（周晓榆、邓赵乐上网查资料汇报）

元坝村卫生间门前写有一副对联，上联是：虽是五谷轮回地，下联是：亦有一方自在天，横批是：自然自在。（和邓谢钰雯互动）

（和莫基燊互动）这副写在卫生间门前的对联非常妙，它让本不雅的地方一下子变得文雅起来了，真是妙极了。

茂名，皇家荔枝贡园所在地，岭南圣母好心之源，一串荔枝，一份好心，串起千年之缘。我们的研学之旅至此画上了圆满句号，但我们的关注和热爱却不会停止！

本次研学之旅，让我们收获满满。

我们的汇报完毕，谢谢大家！

三（7）班研学汇报稿

尊敬的各位领导、老师，亲爱的同学们，大家早上好！我们是三（7）班的研学小组，这次将由我们代表三（7）班做本次研学汇报。我们小组的队名是：猴赛雷队。我们的口号是：唔好理，总之好犀利！

我们将会带领大家走进中华荔乡，参观千年"贡园"。接下来，我们小组给大家带来表演《妃子笑》，请大家欣赏！

6月2日，我们带着兴奋的心情踏上期待已久的研学之旅——大唐荔乡！

时间滴答！滴答！像飞鸟一样飞过去，我们终于到达了目的地——中国荔枝博览馆。

中国荔枝博览馆有荔史、荔事、荔知、荔人、荔业、荔韵、荔梦七个展厅。整个博览馆建筑是仿唐结构，博览馆展示了三个方面的内容：一是历史传承，二是科普知识，三是荔枝及其衍生物。

中国荔枝博览馆的建成对提升茂名荔枝产业的影响力和知名度，提高茂名荔枝产业的经济价值、社会价值、生态价值和文化价值具有重大意义。

参观完博览馆，我们来到了千年的"贡园"。

"贡园"历史悠久，在秦朝末期就有荔枝生产，至今已有两千多年历史。据史料记载，唐朝高力士贡奉给杨贵妃品尝的荔枝就摘于此园，因此根子镇被称为"大唐荔乡"。

看，我们班的同学在很认真地听导游讲解，并且仔细做好有关于荔枝的笔记。

园里生长的荔枝树历经千百年风雨的洗礼，造型千奇百怪，棵棵枝繁叶茂，年年硕果累累。不说你还不知道，它们有的树龄已在500年以上。漫步在绿树成荫的贡园内，一棵棵带着浓浓大唐风韵的古荔迎面而来，一枝一叶都充满了历史的厚重感。

这真是一次收获满满的研学之旅，我们得到了快乐，也学到了知识！我们的研学报告到此结束，谢谢大家！

（四）活动通讯稿

走进大唐荔乡，溯源好心精神
——记东湾学校小学三年级2022年夏季研学实践活动

廖 雁　杨明玉　张梅君

一份甘甜，品味一段佳话。一份好心，影响一座城市。一条河湾，涵养一座学校。为拓宽学生的视野，丰富学习内容，增进学生之间的友谊，提高班级凝聚力，茂名市东湾学校小学部三年级于6月2日开展了以"走进大唐荔乡，溯源好心精神"为主题的研学活动。

荔博园里知古今

同学们首站来到了位于广东省茂名市高州市根子镇的中国荔枝博览馆，该馆有荔史、荔事、荔知、荔人、荔业、荔韵、荔梦七个展厅。一下车，同学们便与这个仿唐建筑来了一张合照。在这里，同学们了解了荔枝的起源及相关历史典故；在这里，同学们知道了我国荔枝产业的发展历程及成就；在这里，同学们通过VR技术体验、了解了荔枝种植、培育、收获过程。同学们一会儿惊叹茂名荔枝源远流长，一会儿又低头记录研学手册，学得不亦乐乎！

贡园千古探踪影

在了解了荔枝的历史后，同学们又兴致勃勃地来到曾用于向唐代皇宫进贡荔枝的"贡园"。在贡园内，听着导游的讲解，望着眼前的老树，同学们尽情领略茂名荔枝文化。

贡园古树茂密，曲径通幽，在其中，恍若走进迷宫。同学们拿着研学任务单，一棵一棵地解密。这一棵，被称为"别有洞天"的白糖罂荔枝树，树龄有1300年了，不到1米高的粗大树干，树心已空，只剩下1寸多厚的树皮，有大半的根部悬空透光，只有一小部分根部埋在土中。面对这棵荔枝树，你似乎看到一位历经沧桑的老人，倔强地立于天地间，见证着时代的变迁。那一棵，被称为"汉俚同根"，是岭南"精神领袖"冼夫人与丈夫高凉太守冯宝的精神所化，古荔树连根生长，冼夫人夫妇的结合象征着俚族和汉族的融合。来往的村民看到一群群学生，脸露微笑，忙碌的工作人员热情指点。一棵棵古树，见证了冼夫人好心精神在贡园人中一代代传承、弘扬。树上荔枝红火如球，树下同学们写生画树，画出千年沧桑，画出新时代走入寻常百姓家的岭南佳果。

观荔亭前畅胸怀

夏日炎炎，荔枝初熟。从路边到河边，从山下到山上，从田间到村旁……全是墨绿如伞的荔枝林，形成了一片荔枝海。

同学们沿岭而上，登上山顶的观荔亭，举目远眺，7万多亩一望无际的荔枝林，含丹拥翠，蜜味飘香，令人心旷神怡，眼前片片绿海红潮，无边无涯。

观荔亭旁，有一棵著名的"中华红"荔枝树，红荔缀满枝头，飞丹映翠，欣欣向荣，正如今日靠荔枝腾飞的根子镇以及我们的家乡茂名。

同学们的赞叹声和欢笑声向荔枝林飘去，不绝如缕。

桥头村道感党恩

"老师，我觉得这里像城市。不，比城市还好。"学生说的正是研学最后一站——桥头村。

桥头村是广东省茂名市高州市根子镇元坝村辖下的自然村，毗邻红荔阁、小东江支流根子河。在上级党委指导下，该村注重党建引领乡村振兴，因地制宜地打造宜居宜游宜乐乡村，基础设施日益完善，沥青水泥路环村铺设，村道绿植错落有致，村级水质净化池、公厕、垃圾分类收集点实用性与文化感兼具，并先后建成两条登山步道和两个停车广场，以及独具风情的沿河碧道及望仙亭、河滩公园、滨河广场等景观景点。同学们登上古香古色的半山腰凉亭，俯瞰整个桥头村的新貌，感受今日新农村的变化。

"日啖荔枝三百颗，不辞长作岭南人。"这是一顿走出校园、寻找历史文化的丰盛大餐，这是一次融入学习、追寻教育元素的根子之旅，这是一次与荔同行、与枝相约、与荔枝文化相碰撞的东湾研学。读万卷书不如研学万里路！今天，东湾学子再一次用"走进大唐荔乡，溯源好心精神"印证了东湾研学的实际意义。

快乐的时光总是短暂的，但这份心情却绵延不绝。此次研学，同学们在欢声笑语中带回内心更丰盈的自己。所以，回到学校后，各班各小组马上进入了完善任务单的阶段：给"荔枝图"上色、补充各站收获的知识、讨论荔枝保鲜的方法、商量小组如何展示……经过一番合作，经过一轮竞争，脱颖而出的小组代表班级参加年级的展示。

"经历是最好的学习，研学是最美的相遇。"经过三天的精心准备，6月7日，精彩激烈的年级研学小组展示在学校阶梯教室举行。各班研学小组除了精心准备PPT和相关图文视频进行精彩的展示外，还各出奇招，来了一场才艺大比拼：演、说、唱、跳……"杨贵妃吃荔枝"、"高力士送荔枝"、"外国友人买荔枝"、唱响粤曲《荔枝颂》……孩子们把研学所得生动活泼地展示出来。台上，展示的小组活力充沛，大方地分享着他们在研学中的收获，自信满满地接受评委老师的提问。台下，同学们听得格外认真，跟着展示的同学重温了一遍快乐的"荔乡"研学之旅。

快乐有趣的"大唐荔乡"研学之旅，不仅使同学们扩展了视野，丰富了知识，培养了他们团结合作、积极探索的能力，还给予了他们充分展示的舞台。此次研学圆满结束啦，快乐、回味留在了每一个同学的心上。期待下一次更有趣的出发！

2022年6月8日

（五）研学照片

（1）研前双师课堂。"认真听课！不然研学时可完成不了任务。"（图7-4-53）

图7-4-53

（2）在荔枝博览馆里，你认识了多少种荔枝品种？（图7-4-54）

图7-4-54

（3）好震撼的场面！荔枝博览馆利用高科技来展示荔枝文化！（图 7-4-55）

图7-4-55

（4）贡园里，千年荔枝树令我们惊讶不已："哇！这棵树1000年了。""哇！这棵树1300年了！"……（图7-4-56）

图7-4-56

（5）虽然阳光很烈，但我们一起在红荔阁外墙书法作品前合影，也很开心！（图7-4-57）

图7-4-57

（6）这边，坐在桥头村观景长廊的同学心情特别好，忍不住皮一下！（图7-4-58）

图7-4-58

（7）那边，在旁边小东江取到水的小组已经开始做过滤实验了。（图7-4-59）

图7-4-59

（8）最高兴的莫过于能去采摘荔枝的同学了，劳动得来的果实特别的甜。（图7-4-60）

图7-4-60

（9）各班各小组先来一轮研学展示PK，脱颖而出的小组代表班级参加年级的PK。（图7-4-61）

图7-4-61

（10）精心准备参加年级的展示，"十八般舞艺"都想使出来。（图7-4-62）

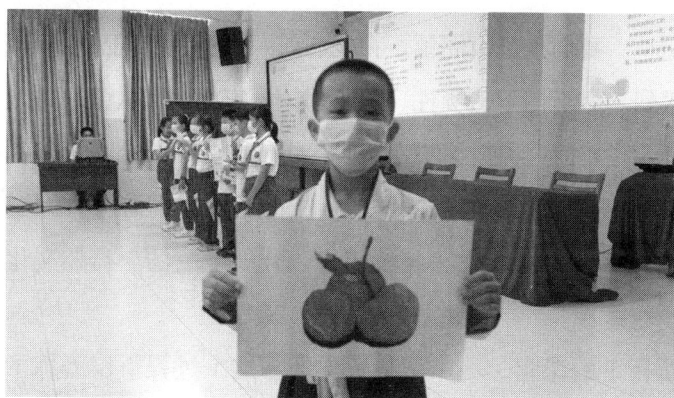

图7-4-62

附 录

学生眼中的研学

行走的课堂，一步一景皆学问

三（2）班　刘子琪

行天地之间，读万卷之书。中华文化博大精深，坐在课堂里，我们学到的是知识；研学路途中，我们感受到的是文化。很庆幸，我已经参加了三年学校的研学活动："漫步东湾校园，探寻好心之源""走进山阁老区，溯源好心精神"和"走进大唐荔乡，溯源好心精神"。在一次次的研学途中，我们收获颇丰。

去年研学，我们走进山阁镇。在烧酒村，我和伙伴们感受到当年的革命战斗十分激烈。烈士们不怕牺牲、勇于保护国家的民族大义精神，也是好心精神的一种。我相信这种精神一定会代代相传。

今年，我们走进大唐荔乡，了解荔枝的起源，畅游"贡园"，实地领略茂名荔枝文化，与荔同行，与枝相约，开展了一场与荔枝文化相碰撞的研学之旅……

研学是行走的课堂，一步一景皆学问，这个过程不仅磨炼了我们的意志，锻炼了我们的身体，更重要的是，它在我们心中播种下好心精神的种子，让我们在团结、友爱、感恩中快乐成长。这是我们的精神财富，必将丰富我们的一生。

研学真有趣

一年级　郭怀远

2022年6月2日　星期四　晴

　　今天，是我们研学的日子。早上一到学校，我们便带着研学任务单，迎着骄阳出发了。

　　这真是好玩的一天，我们在博物馆看到了老电话机和恐龙，在好心林量了树木的腰围是52厘米，最好玩的还是小木屋，蓝蓝的天，绿绿的水，五颜六色的花朵，微微的风在耳边轻轻地唱，每一处、每一角都有着惊喜。我们又累又渴，终于，坚持到了最后。我们回到了学校，还在教室进行了研学汇报。同学们一边汇报，一边回想着今天的所见所闻。虽然很累，但是我们心里美滋滋的。因为我们了解了茂名的"昨天""今天"和"明天"，学习了茂名的好心精神。

　　这真是一次有趣又有意义的研学活动呀！

二年级　许施渊

2022年6月2日　星期四　热

　　我特别喜欢学校组织的研学活动，因为通过研学活动，我可以学到一些课外知识，了解一些革命历史。烈士们用鲜血和生命换来了我们今天的幸福生活，所以我们要好好学习，长大报效祖国！

二年级　曹月婷

2022年6月2日　星期四　热

　　今天学校组织我们去研学，我们去了茂南区抗日武装起义陈列展馆，在那里，我看到了很多关于茂名的抗日英雄的介绍。给我印象最深的是龙思云。那些英雄都有一个特点——英勇奋战。那时候，日本侵略我国，百姓生活在水深火热之中，他们毅然反抗，有些为了不泄露党的消息，年纪轻轻就被敌人杀害了。这些英雄的牺牲精神不正是我们茂名的好心精神吗？我们这一代人一定要好好学习，武装自己的头脑，要做弘扬茂名好心精神的新少年。

三年级 梁昊雯

2022年6月2日 星期四 炎热

二年级的研学之旅，第一站，我们去了高岭土老厂区，看到了高岭土制作机器，还知道了高岭土的别称、用途以及提炼过程。第二站，我们去了烧酒革命历史博物馆参观了革命景区，齐唱红色经典歌曲，缅怀那个充满革命气息的年代。

三年级的研学之旅，第一站，我们去了中国荔枝博览馆，知道了荔枝的起源、相关历史典故和我国荔枝产业的发展历程及成就。第二站，我们来到了贡园。看着古老荔枝树，我们仿佛看到了茂名荔枝文化。荔枝树虽然已年代久远，但还绿叶葱葱，坚强地生长着，见证着时代的变迁。

通过学校组织的研学之旅，我们了解到年轻茂名的发展史，领略茂名古老的荔枝文化，感受自然美，收获了知识，培养了团结合作的能力，也体会到了茂名好心精神。我十分怀念这两次研学之旅，也十分期待下次的旅程。

家长眼中的研学

学在东湾，幸也

星妤/多多妈妈

"读万卷书，行万里路"的游学传统自古以来便是我国学子增长见识、提高学问的方式。不仅如此，我国古代许多的文人墨客，在学有所成之后，依然外出游历，阅遍祖国的大好河山，体会各地的风土人情，最终精益求精，成就更为非凡。

时光飞逝，不知不觉，两个女儿迈入了东湾学校的智慧之门，开启了全新的学习之旅。天真无邪、现就读一年级的多多妹妹和积极向上、迈入七年级的星好姐姐，在这个学期，在东湾，邂逅了人生的第一次与众不同，甚至刻骨铭心、极富教育意义的研学之旅。

第一次听说东湾学校要开展"研学"时，作为一个母亲，一开始我还不以为然，觉得无非就是换一种说法或形式的春游、秋游。怎料，自女儿们拿回研学手册、任务单的那一刻起，东湾学校的"云游课程"着实让我眼前一亮，确实太匠心独运了！东湾学校的"云游课程"是独一无二的。它完全区别于其他学校的春游、秋游，整个课程体系完善：有研前双师课堂，有学校自主研发的研学手册和研学任务单，还有研后的成果汇报展示活动。

东湾学校自主研发的研学体系，实在让我叹为观止。在我看来，它真正意义上树立了学、思、游相互促进的观念，让学生走出从学校到学校、从课堂到课堂的封闭圈，不断拓展教育的边界，引领学生走出教室，走向更为广阔的天地，让学生在真实的情境中体验、合作、探究，真正形成适应未来社会发展的必备品格和关键能力。这种知行结合的素质教育和创新型教育方式，更有益于提升新时代中小学生的文化素养，更促进了学生的实践能力的形成。研学旅行的意义在于它不是单一的教育，而是一种多层次的、更丰富的教育，其重要性不言而喻。

两个女儿研学归来，我问她们感受如何。可爱的多多妹妹迫不及待地告诉我："妈妈，我们东湾学校的研学太有趣了！我们去了露天矿生态公园，还参观了历史博物馆，我看到了很多以前的叔叔阿姨奋斗时用过的物品，听博物馆讲解员及老师们诉说了他们艰苦奋斗时的生活。妈妈，我们今后也要节约点，不能铺张浪费，我们要珍惜现在的生活！还有，妈妈，我是研学第一组的小队长呢！我们研学是要分组的，最后PK赛我们组还拿了第一名哟！………"她滔滔不绝地分享，我能感受到那时那刻她的兴奋与激动。最让我感动的是，多多妹妹还有幸担任了这次东湾学校一年级研学成果汇报的主持人。真是初生牛犊不怕虎！她和怀远小朋友搭档，落落大方、淡定自如地主持了面向五百多人的成果汇报活动。

也许，我未曾真正经历过她一天的研学全过程，有很多妙趣横生的事还不得而知，但我能切身体会到这次研学带给多多妹妹的影响。担任小队长，让她学会了担当责任，也让她学会了该如何统筹兼顾和团结协作，与伙伴共同探讨、记录，并分工合作，共同上台分享获得的研学佳绩。这次研学，一年级参观的是露天矿生态公园，对多多妹妹的影响是深刻的。这次研学不是以往怀着去游山玩水的心态，而更多的是一种见识、一种成长、一种收获及感悟。参观历史博物馆，更让多多妹妹学会了反思，当她得知爷爷奶奶、父辈们的艰苦岁月后，她更懂得珍惜当下的美好生活，学会思考开源节流的意义。这种研学的意义，早已超越了一般性质的旅游。在我看来，东湾学校的研学旅行是具有组织性、集体性、探究性、实践性、综合性的活动。我想这也是对中小学生进行集体主义教育、生活教育、行为习惯、养成教育的有效载体。它更能帮助孩子学会生存、生活，学会做人、做事，让孩子们形成正确的世界观、人生观、价值观。

星妤姐姐聆听着妹妹的分享，不时地给予她更多的肯定，因为姐姐知道，妹妹最喜欢"赏识教育"的刺激了。这位善良有爱、大度稳重的星妤姐姐，变身"铁粉"，不断给予妹妹赞赏和激励。作为妈妈，看在眼里，感动在心里！其实，这次的七年级研学，星妤姐姐也是收获满满的。她的研学路线是水东湾区。首先，她和同学们共同走进了绿色能源科普教育基地，树立了更多绿色茂名、环保生态的理念。接着，她们走访了水东湾海洋公园，认识了其作为红树林保护区和开放旅游区是如何协调"环保"与"旅游"功能的。最后，她们还走访了冼太故里，通过参观冼夫人的画像，了解"我事三代主，唯用一好心"的精神内涵，更深入地了解了冼夫人生平事迹以及东湾学校"好心教育"体系。东湾学校这次初中组的研学活动也意味深长。学生们回校后立马展开了激烈的成果汇报PK赛，学校还引导孩子们即兴挥毫，用最喜爱的字体书写"唯用一好心"的毛笔书法进行作品展览。真的不得不为东湾学校的初中研学点个赞，太具教育意义和价值了。

在我看来，从学习课本上的冼夫人传记到现实中的参观冼太故里，东湾学校的研学之旅是成功的。它真正意义上让课本的知识与现实连接了，让历史上的人物更充满"烟火气"，变得可触摸、可感觉，更具教育和鞭策意义。在研学过程中，学生追寻古人的足迹，寻访历史文化的遗踪。当原本一些在课本上通过文字感知的景色和人物展现在学生面前时，他们对课文的理解也会更深入。这也是爱国教育淋漓尽致的体现啊。

2022年东湾研学之旅圆满收官了。衷心感谢东湾学校别出心裁地为孩子们策划的这场增长见识，开阔视野，提升爱国、爱家、爱校的情感的教育活动！纵观当下，很多孩子过度依赖家长，许多孩子没有自己解决问题的观念和习惯，研学之旅正好给了孩子们锻炼自己、独立自主解决问题的机会。通过参与研学中的活动，孩子有信心去做从未做过的事情，携手团队成员，共同合作，并从中增强自信、有所收获，也对自己的未来有了一个更清晰的认识，树立了学习的榜样和坚定的目标。此外，研学活动不仅强化了孩子的团队合作意识，也让孩子明白了自己身上的责任，让他们在真实的社会中去锻炼，在有设计的活动中培养他们的角色意识和担当精神，让他们在压力下，通过自己的努力去完成一定的任务，践行自己的责任，这种敢于挑战的过程、担当责任的意识养成对孩子们的成长是弥足珍贵的。

作为一个母亲，仿佛身临其境、感同身受地体会了一次茂名市东湾学校研学之旅的魅力，见证了两个女儿的成长。学在东湾，幸也！祝福东湾！

寓教于游，生命在体验中成长

三（2）班　刘子琪妈妈

今天和女儿在小区散步，碰到了今年九月份儿子即将进入东湾学校读一年级的好邻居。在闲聊中，小弟弟很期待地问："姐姐，东湾学校是不是一年级就可以去旅游了？"女儿很兴奋地说："是的，可有趣了！"然后对弟弟所问的旅游娓娓道来……

一讲就是2个小时！

其实弟弟问的"旅游"，就是东湾学校"云游课程"中开展的研学活动：用小学6年时间走完小东江流经的6个主要城市或乡镇，再用初中3年时间走完3个主要海湾，用"6+3"的模式，从"河"到"海"，传递好心茂名的精神，再把这种精神带出河湾，使其冲出大海，走向世界。女儿有幸，已经参加了小学部的三届研学活动：一年级的"漫步东湾校园，探寻好心之源"、二年级的"走进山阁老区，溯源好心精神"和三年级的"走进大唐荔乡，溯源好心精神"。小孩已经慢慢懂得，研学不是说走就走的旅行，是有意义、有意思的寓教于游，是在大自然这个最广阔的教室里一同探寻更多的知识，是在体验中成长的一门特别有意义的课程。

研学，家长和孩子会暂时分开，而孩子离开家是学会独立的最好机会。孩子从一年级对出游准备的一脸懵懂，到三年级可以轻松准备所有物品出门，这就是成长。

在研学过程中，孩子得到了充分的话语权，作为独立的个体得到了尊重，与同龄的孩子相处，和不同的风土人情的人群接触，语言表达能力得到了锻炼，沟通能力也大幅度提高。研学活动都是以团队组合的形式进行的，孩子们在一次次的研学课题上共同合作，提高了综合运用知识和解决问题的能力，收获了成功的喜悦、合作的欢乐，更感受到了挑战的乐趣、信任的感动，这不是另一种成长吗？

玩是孩子的天性，东湾的研学就是寓教于乐。在不知不觉中，在欢声笑语中，孩子成长了。东湾的研学课程具有整体性、教育性、趣味性、丰富性及自主性，是精心筹划的行走的课堂。孩子从一年级的用眼睛发现诗意生活、用纸笔绘制探寻的精彩，到三年级可以轻松使用PPT和图文视频进行精彩的才艺展示，这就是成长。

曾经，书本是孩子的世界；现在，世界是孩子的书本。在行走的课堂里，一砖一瓦、一草一木都是生动而立体的书，孩子们从中见天地之人，一路收获，一路成长。感谢东湾学校用这种"读万卷书"与"行万里路"相融合的旅行方式、学习方式——研学来教导孩子。研学不是享受，是一种感受，是人生的体验。

从这里起航，在这里出发，东湾学校的孩子何其有幸！

在研学中体验成长的快乐

二（3）班　邓雅文妈妈

2022年6月2日，茂名市东湾学校举行了研学活动，二（3）班的孩子们参加了以"访沿江新乡村，溯好心之精神"为主题的研学旅行。这是孩子们第二次参加研学活动了。一年级"走进好心湖畔，溯源好心精神"的主题研学活动还历历在目。孩子们走出校门，合作探究，共赢共长。今年又有什么有趣的任务设计呢？大家都充满期待！孩子们盼星星盼月亮，终于盼到这天的来临。

古语云："读万卷书，不如行万里路。"一次看似简单的研学之旅，其中包含了许多老师、校领导及家委会成员的辛勤付出。学校能够组织这次研学之旅，运用一切正能量的教育基地和设施，倡导孩子们把学习与好心精神通过研学实践相结合，从小感悟和树立正确的人生观、世界观和爱国主义核心价值观，让学生在游玩的同时，做到游学、感悟兼得。在研学的路上，学生感受到了探索和学习的乐趣。

任务一：走进烧酒革命老区，了解"红色沃土、醉美烧酒"，溯源好心精神。

通过参观学习，孩子们知道了"茂南抗日英雄烈士"有陈华、李福南和龙思云等。在纪念馆里，孩子们还听了"铜墙铁壁的堡垒户""吴八奶机智擒敌"和"浴血奋战苏上鹤"等革命故事。听了这些故事，孩子们明白了茂南英雄们的勇敢和爱国精神，这也是茂名革命先辈的好心精神。没有革命先辈们的牺牲就没有我们的幸福生活，没有共产党就没有新中国。我们要弘扬和继承革命先辈坚强不屈的奉献精神，为祖国繁荣昌盛贡献自己的力量。

任务二：在烧酒革命历史博物馆里面找到简介图片，估算简介中的故事大概有多少字，并写出估算依据。

仔细思考后，孩子回答："我觉得每一行都差不多有20个字，最后一行有6个字，一共有11行，所以加起来大概有206个字。"通过估算方法，启发孩子们仔细观察，开启了孩子们的发散思维，提高了他们的洞察能力。

任务三：走进高岭土体验馆，观察高岭土。

通过参观学习，孩子们知道高岭土是一种以高岭石族黏土矿物为主的黏土和黏土岩，因最早发现于我国江西景德镇高岭村而得名。高岭土可分为砂质高岭土、硬质高岭土、软质高岭土。高岭土广泛应用于造纸工业、陶瓷工业、耐火材料等领域。

任务四：认真观察茂名地图，完成问题。

通过认真观察茂名地图，在老师的讲解、指导下，孩子们知道茂南区山阁中心小学在茂名市东湾学校的东北方向，茂名市东湾学校在茂南区山阁中心小学的西南方向，广东石油化工学院在茂名市东湾学校的东南方向。通过这次研学，孩子们对地理方位有了更深入的认识，获益匪浅。

任务五：取一壶山阁镇段小东江的水，仔细观察并回答问题。

通过仔细观察，孩子们发现小东江的水是无色无味无浑浊的。为了保护小东江的水资源，孩子们想到很多有效措施：不丢垃圾进小东江、不浪费水资源、发展绿化、进行水资源污染防治……从老师拍的视频中看到孩子们滔滔不绝地回答，我仿佛看到了祖国的花朵正在朝气蓬勃地绽放，明天他们将为祖国的宏伟蓝图谱写新章程。

教育是家庭、学校、社会的共同责任，走出学校融入社会是教育的终极目标。开展研学旅行活动，正是为孩子们开辟一个新的课堂，引导他们从中有新的收获。

看到孩子溢于言表的快乐与收获，感恩学校独具匠心的研学设计，让孩子们收获了一份在校内课堂里无法得到的珍贵的成长体验。

教师眼中的研学

研学拓视野，师生齐成长

简嘉苗

经历是最好的学习，研学是最美的相遇。在行走中探索，在团队中学习，重构新型学习方式。研学旅行，不仅能够培养学生的核心素养和团队合作能力，也是让教师重新思考教学范围和方式的一次反思与学习。

一、研学教学篇

作为研学的指导者，教师首先要明确自己的定位——我们是指导者，而不是单纯的输出者。我们应该让学生了解什么、如何了解，我们应该如何引导，都是值得思考的问题。以往的研学，因为教师对研学地点及其历史背景文化没有深刻的理解，往往演变成"一日游"。教师把学生完全交给导游，学生能听进多少是多少，这样的研学，既没有"研"，也是毫无章法的"学"，更多的是形式化的走过场。

1. 跨学科融合的教学

东湾学校研学前的"双师"课堂独具特色，说是"双师"，其实是多学科融合，让学生提前对研学地点、研学物料、研学历史有了总体的了解，并掌握了进行研学的方法。在这个过程中，每一位学科教师都不是独立的个体。以二年级研学为例，语文教师在对研学地点的历史进行讲解时，结合了音乐教师所选择的红歌，向学生解释歌词的内涵，让学生在演唱红歌时更深刻地理解红歌的内容。在展览馆浏览当地革命故事时，音乐教师结合革命烈士的精神，带领学生高唱红歌，让学生的爱国情感更加形象化。这需要不同学科教师针对学生的学情进行联合备课，在备课中不断反思。我们在教学中所传授的知识不应该局限于单一学科，既要有纵向的连贯与深度，也要兼顾横向的拓展与宽度。不同学科的知识是交汇融合的。研学中，科学教师要求学生对小东江的水质进行观察，关联了语文教学中的对日常事物的细心观察；语文里的历史讲述也关联到音乐红歌颂唱中的爱国情感的表达。由此，教师在研学中的联合备课也引申到日常教学。我们的课堂教学应该是能做知识延伸的，所以备课时遇到涉及其他学科的知识，我们应该灵活运用跨学科研讨，实现一个知识点多方面的延伸，让学生接受更活的教学。同时，多学科的联动带动了不同特长的学生发挥所长，实现了以学生为主体，激发了学生自主学习的能动性。这是从研学延伸得到的教学反思。

2. 分层作业的思考

研学前的准备及研学中的实践都会在学生心中形成一定的研学收获，但如何将收获进行展示，是值得思考的问题。过往为了统一评比，许多教师习惯以"一篇研学感想"为作业统一布置。这样的作业既单一枯燥，又无法展示学生不同的特长，表达能力稍弱的学生深感困难，甚至认为这是一种负担，对研学产生抵触。

东湾学校要求教师根据学生的兴趣、特长、能力等，思考如何通过不同形式展示研学成果。通过多学科的研讨，我们摒除了单一书写的呈现方式。结合学生团队合作方式、研学地方特色、历史文化等因素，各学科联合制定以下研学成果展示方式：喜欢唱歌的学生可以选择红歌颂唱，喜欢绘画的学生可以选择为团队绘制队徽及个人形象，擅长数学的同学可以计算研学地点到学校的距离，擅长文字创作的同学可以为团队设计团队口号、环保标语，喜欢手工制作的同学可以用从研学点带回的白泥制作泥板、刻画文字，擅长表达的同学可以讲述革命故事……成员们各展所长，最后整理汇总成形式丰富的团队的研学汇报。这种分层作业既彰显了学生的特长，也激发了学生的兴趣，让学生更加投入到研学当中，更喜欢完成"作业"。这也是学生多元发展的一个呈现。由研学延伸到日常教学，也是教师对分层作业的一个有效示范和反思。

二、研学学习篇

前面提及，许多学校的研学容易演变成"一日游"，研而不学，或者是简学不研，这并不是研学的初衷。东湾学校制订的9年游学计划，以"小学追本溯源，中学四海弘扬"为指导思想，以小东江为源头，用小学6年时间走完小东江流经的6个主要城市或乡镇，再用初中3年时间走完3个主要海湾，从"河"到"海"，传递茂名的好心精神，再把这种精神带出河湾，使其冲出大海，走向世界。

1. 了解家乡，热爱祖国

以小学一至三年级为例，从好心湖的矿坑公园到山阁镇的白泥经济，从烧酒历史博物馆到大唐荔乡的贡园，一捧泥、一掬水、一颗荔枝都在学生心中有了具体的意义，学生逐点逐地了解家乡建设发展、风土人情、驰名特产，实实在在地感受到家乡发展变化、祖国不断腾飞，对劳动人民的敬佩之情、对家乡的自豪感、对祖国的由衷热爱油然而生。这是民族自豪感的培养与形成，热爱家乡和祖国不再停留在口号上，而是通过实践与感受，内化成心中的认同感。立足家乡，热爱祖国，将好心精神带到世界，这是东湾学子从研学中收获的精神财富。

2. 了解历史，展望未来

以往学生对革命历史的了解主要来自课本，这些事例虽然典型，但始终让学生产生距离感。东湾学校的研学带领学生走进家乡革命老区，近距离接触革命物件、听当年革命故事。当学生看到一件件经过历史洗礼的物件，听着导游讲解当年的革命先烈为保家卫国勇于牺牲的故事时，内心激起的澎湃之情更胜课堂所习。以小学二年级为例，学生走进山阁老区，认识革命先烈，了解家乡革命历史，看到一封封殷切的家书、一把把生锈的手枪，听到一段段泛黄的往事，仿佛被带回革命年代，看见家乡人民在水深火热中依旧不屈不挠。那种顽强拼搏、勇于探索、奋发进取的开拓精神植根于学生心中。只有了解历史，才能正视历史，只有了解过去，才能展望未来。踏在同一方泥土上，东湾学子传承着革命先辈的红色精神和好心精神，以继往开来的姿态为自己的未来努力拼搏，这也是东湾研学"读万卷书，行万里路"的初心。

东湾的研学课程继承和发展了我国传统游学的教育理念和人文精神，旨在提升学生的自理能力、创新精神和实践能力，弘扬中华优秀传统文化与好心精神。这是素质教育的新内容和新方式，不仅促进了教师在教学中不断反思与研讨，也让学生在实践探索中增强民族自豪感与文化认同，以积极的心态与拼搏的精神全面发展。东湾学校的研学是一种有实际意义的教学模式。

行走的课堂

黄应丽

研学活动是东湾学校云游课程的特色课堂，基于"读万卷书不如行万里路"的精神开展行走的课堂。

在学校的组织下，二年级师生踏上了"走进山阁老区，溯源好心精神"的研学之旅，充分挖掘烧酒村的红色资源，正面强化理想信念和爱国爱家精神教育；认识高岭土，运用高岭土制作泥巴、刻字，了解、感悟茂名的好心精神，增强热爱家乡的情感。本次活动带给我以下几点收获。

一、研学活动可提高教师素养

研学活动可提高教师的文化知识素养。在研学之前，教师需要根据学情整合资源，设计研学手册、研学任务单、教学活动，利用有意注意的心理学原理，引导学生树立正确的研学观念，牢记研学任务，在研学活动中和同伴合作探索知识。

研学活动可提高教师的团结合作意识。研学前，学校安排教师上"双师"课，多个教师在课堂上合作教学，转换教学内容。教师在课堂上能够出色地配合教学，得益于教师在课前多次交流、磨课、共同制作PPT。

二、研学活动能多次情境教学

研学活动使学生学会寻找研学伙伴。在坐公交车时，大部分同学都能找到自己喜欢的伙伴，一起坐车；也有部分同学跳出交际圈，结交新朋友，和平时不熟悉的同学一起坐车；甚至部分同学选择自己单独坐车。教师强调外出研学是集体性活动，每个人都不能落单，自己单独坐的同学，需要在一分钟内找到另外一个伙伴，一起坐车。在教师的引导下，甚至是要求下，总有同学能大胆主动地和同学问好，一起坐车。通过拉近空间距离，间接拉近了同学间的心理距离。在寻找伙伴的过程中，总会有人想办法主动寻找伙伴。

研学活动使学生强化分享行为。同学们选好座位后，先后拿出家人为自己准备的美食，主动分享给邻近的同学，甚至分享给教师。教师及时引导学生，主动和同学以及教师共同享受美食，这种行为叫分享，而愿意和别人分享是一种智慧。

研学活动使学生大胆展示自己。在公交车上，教师适当举办文艺活动，如唱歌、讲故事、说笑话、背古诗等，活跃研学气氛，提高学生的研学积极性。一开始，没有学生敢展现自己的才能，在教师的鼓励下，一两个同学举手了并拿着麦，有点激动，颤抖着，唱自己喜欢的歌曲。教师引导学生大胆展示自己，不但将自己学到的东西运用起来，还给大家带来了快乐，很了不起。慢慢地，越来越多的同学举起了小手，争先恐后地寻找机会展示自己的才能。

研学活动使学生实践餐桌礼仪。在吃午饭的时候，大部分同学能做到文明、安静就餐。小部分同学还可以主动地给同学们分碗筷。这小小的举动，启示教师需要抓住机会，让学生实践餐桌礼仪，用行动尊重和关爱同学。教师当即表扬主动分发碗筷的同学，引导更多的同学知道在吃饭时不能只顾自己，要学会关心一起吃饭的人，如主动分发碗筷、倒水、拿公筷，在自己拿纸巾时还可以给别人拿一张，人齐了便一起就餐，等等。同学们在实践中体验到关爱他人的快乐，露出了幸福的笑容，有的人笑眯眯的，也有的人轻轻地扬起了嘴角，有点害羞地低着头。后来，教师还发现有学生主动给同学夹菜。

三、研学活动能展现教学成果

研学活动能展示教师的教学风格、教学方法以及教学成果。教师带队出去参加活动，学生是否遵守规则、有序地参与活动、听从指挥，间接反映出教师平日教学情况的好坏。当学生不听话、兴奋过度时，教师如何引导学生向上发展、向好看齐，这也直接反映出教师的教学机智。研学那天，教师收

附录

到了家长的表扬信息。这个表扬信息，既是对教师工作的肯定，也是对教师成长的指引，促使教师再接再厉，做好教育工作。

一次累但快乐着的研学

黄 茵

6月2日，是一年级踏上研学旅行的日子。作为班主任，我同副班老师与导游老师一起带领孩子们去露天矿生态公园进行参观学习。

事实上，这是我第一次接触研学活动，它属于东湾学校河湾课程体系中的"云游课程"，以"小学追本溯源，中学四海弘扬"为指导思想，旨在打破学科界限，提高学生的综合素养。

在出发前，为了保证研学旅行的顺利开展，学校还开展了"双师"课堂，采用线上直播和线下课堂相结合的方式进行师生互动。我非常荣幸能成为一年级研学授课老师，向学生讲解研学内容、所需技能以及注意事项，让他们明白，研学不仅仅是游玩，而是在玩中学，在学中玩。

出发那天，孩子们精神饱满，异常兴奋，车内满是欢声笑语，相信对他们而言，这也是一次新鲜、特别的体验。

提前分组的策略让整个参观过程井然有序，小组长们尽职尽责，管理着组员的纪律；导游老师认真专业，仔细介绍着经典景点。在参观博物馆时，孩子们专心听讲，随后围在一起，激烈讨论，一点点完成要做的任务。

不同于课堂上的教学，孩子们热烈讨论的样子让我感到十分新鲜，也使我感受到了研学旅行的乐趣和意义：学生走出校门，接触自然和社会，学习到课本上没有的知识，既发挥了主观能动性，做了学习的主人，也提高了综合素养，利于全面发展。

除了参观博物馆，孩子们还去了好心湖和好心林。特别值得一提的是，他们亲自用矿泉水瓶装了好心湖水进行观察，也独立完成了测量小树腰围的任务。几个孩子兴奋地拿着自己的成果给我看，说无论在家还是在学校都很少有自己亲自操作的时候，通常是大人嫌他们手脚慢就帮着做了，但通过这次研学活动，他们发现自己也能动手，还说以后有什么事情都要试着自己做！听着孩子们七嘴八舌地说，我十分欣慰。孩子们的进步是显著的。他们通过这次研学活动展示了不一样的自己。这大概就是研学的乐趣和意义吧！

旅行间隙，导游老师提议给孩子们单独拍照，我们选择了一个靠近好心湖的地方，以清澈的湖水和湛蓝的天空作为背景，为孩子们留下纪念。直至今日，我翻开相册，孩子们明媚的笑容仍十分耀眼，他们单纯的快乐在那个瞬间定格，那段特别的体验将会成为他们记忆里的美好片段。

一次累但快乐着的研学。累，因为一年级的孩子太小了。据我所知，其他学校都是从三年级开始组织外出春游或秋游。乐，是我们东湾的孩子有福气，从一年级开始就可以参加学校"6+3"模式的主题研学之旅，有主题、有任务、有分工、有合作、有展示、有平台。看到他们代表班级参加年级展示比赛荣获特等奖的笑脸，我知道，他们又成长了一大步。

东湾研学，坚定的步伐声次第响起。

在行中学，在学中研

卢汉姗

满满当当的一天研学之旅，在一路欢声笑语的同时，师生们收获满满。穿梭于葱葱郁郁的树林中，感受大自然的气息，漫步在悠久古迹间，倾听着历史的声音。走出教室，学生可以在实际情境中认识与体验客观世界，在实践学习中亲近自然、了解社会。"书到用时方恨少，绝知此事要躬行。"研学的魅力不止于此，学生组成若干小组在参观每一处景点时，通过观察、访问、记录、拍照等方式完成研学任务单，这有别于平时的郊游活动。学生在研学旅途中进行团队合作学习，共同发现、分析和解决问题，激发创造力，还能锻炼自身的社交能力，增强集体凝聚力和荣誉感。研学结束后，各小组呈现并汇报研学成果，让研学旅途在校园中得以延续。这就是东湾学校研学课程的魅力之处。

"一带一路"大背景下，"走出去"成为大势所趋。作为教师，我们的教育教学也应该"走出去"，在平时的教学中，联系课内课外，融合学科热点，让学生置身校园内也能闻知天下事。随着"双减"政策的落地，我们的教育教学更应该"走出去"，真正地"走出去"，走出教室去，走到大自然和社会当中，而不是局限在三尺讲台。最近，人力资源和社会保障部向社会公示了研学旅行指导师、家庭教育指导师等新职业。可见，研学旅行作为一种集研究性学习与旅行体验于一体的校外活动，正逐渐成为潮流。因此，我们要思考的是在"减负"的同时如何"提质"。研学旅行的重点在研学，而不在旅行，学生在这个过程中提出问题、主动探究、主动学习，通过自身实践来获取新知识和新能力。教师要做的不再是传道授业解惑，而是为学生创设一个学习的情境和场所，让学生自主开展研究性学习。在今后的教学工作中，我们只有树立终身学习的观念，不断拓宽自身的知识面，丰富阅历和技能，才能成为学生研究性学习的指导者和促进者。

读万卷书，行万里路。在行中学，在学中研，研学之行，我们一直在路上。

研学活动对师生成长的影响

吴金梅

一、研学活动对教师成长的影响

1. 研学活动激活教师的内在潜能

研学活动需要教师结合新课程目标要求和校本课程理念选择研学地点、制定研学方案、集体研备"双师"课堂、组织研学前的小组分工与合作、护航研学实践、推进汇报展示与总结复盘，还需要教师参与整个研学活动的过程性评价与答疑、整理与推广研学成果等。研学活动的开展，需要教师充分发挥在学科合作、组织策划、教学与教研等方面的能力，甚至激活更多的内在潜能。

2. 研学活动凸显学生个性，有利于教师多维了解学生，进行有效教学教研

教师设计和开展研学活动，需要遵循教育规律和学生发展规律，以学生

作为研学活动的主体，针对不同学段学生的身心特点和接受能力，关注学生的实际和学生的兴趣点，以学生生活为活动切入点，制定研学课程的目标，开展形式多样、不同主题的实践活动，带领学生走出校园，引领学生在实践中学习知识。在研学实践和汇报的小组合作中，学生的实践能力与综合素养的不足之处，或者解决问题的创造性方法以及学生或集体的美好品质，都会更具体地凸显出来，有利于教师进行过程性评价、反馈和协助，也有利于教师在平时教学教研中抓住这些具体的"漏洞"或者"亮点"，以此来设计课堂活动，使教学教研更加符合学情。

二、研学活动对学生成长的影响

1. 学生获得更加深入的实践体验

研学活动与旅游不同，研学活动的学习过程是有明确学习目标的。学校组织的研学活动经过集体研讨和设计，必然更加全面和深入。例如，学生参观粤丰环保电力有限公司，跟一般旅游走马观花的参观体验很不一样，除了能了解到我国能源现状和绿色能源相关知识，更能观察到环保电力中心用垃圾发电、将污水过滤后循环利用的流程。学生能沉浸式地深入了解实践过程，参与感十足，收获也更加丰富。

2. 学生掌握科学研究的基本方法

学生通过实地观察、描述、访谈、统计等调研方法，完成了研学任务，锻炼了交流沟通能力。同时，学生的科学素养水平在调研过程中得到了展示和提高，如信息搜集素养、问题意识和实践能力等。在研学汇报阶段，各小组需要严谨地整理资料，并且通过制作形式丰富的图文资料来展示本小组的研学成果。这些都能够培养学生的科学素养。

3. 学生真实地体验茂名好心精神，提升乡土自豪感

在研学过程中，学生能发掘自身钻研学习的才能，能有序地进行小组合作，能协同作战，很好地完成研学任务。学生对家乡好心精神进行多维了解，从实践调研到为家乡发展献策，从好心精神的价值认可升华到对茂名的乡土自豪。这样的研学过程，积极调动了学生的内驱力，学习效果显著。

附
录

参考文献

［1］约翰·杜威.儿童与课程［M］.北京：中国传媒大学出版社，2017.

［2］拉尔夫·泰勒.课程与教学的基本原理［M］.施良方，译.北京：人民教育出版社，1994.

［3］中华人民共和国教育部.义务教育语文课程标准（2022年版）［M］.北京：北京师范大学出版社，2022.

［4］彭其斌.研学旅行课程概论［M］.济南：山东教育出版社，2019.

［5］刚祥云，陈雅歆.推进中小学生研学旅行面临的问题及其策略［J］.教育实践与研究：理论版，2017（10）：26–28.

［6］邱涛.研学旅行失衡的表现、成因及矫正［J］.教学与管理（中学版），2020（4）：34–35.

［7］钟林凤，谭净.中小学研学旅行课程实施的困境及其破解［J］.教学与管理（理论版），2018（12）：61–63.

［8］朱洪秋."三阶段四环节"研学旅行课程模型［J］.中国德育，2017（12）：16–20.

［9］于书娟，王媛，毋慧君.我国研学旅行问题的成因及对策［J］.教学与管理（中学版），2017（7）：11–13.

［10］杨鹏.小学研学旅行的问题及对策研究［D］.长沙：湖南师范大学，2018.

［11］王仕民.德育功能论［M］.广州：中山大学出版社，2005.

［12］徐明波.研学旅行的德育创新与实现路径［J］.思想政治课教学，

2019，4（4）：8–12.

［13］万芳.中小学生研学旅行政策的价值分析［J］.乐山师范学院学报，2019，34（10）：104–108.

［14］曾福建.促进"语文+X"跨学科融合　提升小学生综合素养实践策略初探［J］.华夏教师，2019（15）：14.

［15］张蕾，陈晓.基于研学旅行的"地理+"跨学科融合学习初探：以"长泾老街弄堂"为例［J］.地理教学，2019（14）：47–49.

［16］冀峰.基于地方特色的跨学科研学旅行探究问题的设计与思考：以苏州古典园林留园为例［J］.中学政史地（教学指导），2020（6）：92–93.

［17］杨菁.研学旅行与跨学科课程融合实践探究：以第九季"行走南京"校本课程为例［J］.初中生世界（初中教学研究），2021（7）：42–43.

参考文献

后 记

在路上，刚好遇见

凌晨1点，酷热。

我突然想起小林老师今天发布的新作：这个盛夏，是空调救了我的命。小林老师的作品逢出必看，让人会心一笑的同时更耐人寻味。此刻，除了空调发出的丝丝声响，窗外的喧闹已被酷热吹散，连夜跑的人都早早被赶走了。难得清静，有空调续命，我正好可以继续我的出书"革命"。

当键盘敲出"后记"两个字时，我还是不大相信这是现实。"出书"两字在我的字典里从未出现过，一来，我从不认为自己拥有这种洋洋洒洒写十几万字的超能力；二来，对于一个上班比较忙、下班喜欢放松的人来说，这简直是天花板的高度。闲暇时，看看书、写写字、听听歌、练练普通话是我最大的爱好了，说起爬格子，我充其量是坐在阳台的摇摇椅上，伴着月色，迎着晚风偶尔语音记录一下生活感言或教育反思罢了，写书这些宏图大计就留给别人吧。

直到大约两个月前，听了吕进智副校长关于教师专业成长的一个讲座，我沉寂的心就像突然被扔进了一块石头，起了一点涟漪。他说，任何一个教师，任何时候都不能放弃自己的专业成长，与年龄无关。找准方向，用心反思，勤于积累，每个人都可以成长为自己喜欢的样子、学生喜欢的模样。随后，他即兴为一批年轻教师量身定制了个人研究方向，展示了一本厚厚的年轻教师反思集。我甚是惊讶，想想自己，忙于琐碎事务，是否曾停下忙碌的步伐回望来路，问问自己，在专业成长的路上，我是谁，为了谁。很快，我找到了答案。我是谁，我是一名教师，一名语文教师，一名在教师平均年龄只有33岁的学校里的前辈级语文教师，一名兼着市名班主任工作室主持人身份的语文教师。为了谁，为了我的学生，为了学校、工作室一大批年轻教师，我该成为学生的良师，更该成为年轻教师专业成长路上的引领者和鞭策者。

于是，我反思、梳理、归纳，把自己工作上一颗颗零散的珍珠慢慢拾起，穿着穿着，一条小项链的雏形就诞生了。这是一条"研学"小项链，一条有浓烈的乡土情怀的小项链，一条"小学语文+"跨学科研究的小项链；这是一条自己实实在在研究、打磨了三年的小项链。也许，它的色泽不够均匀，颜色不够耀眼，但这不重要，因为这是我自己打造的项链，我会继续打磨、抛光，让其惠及更多的人、更多的团队、更多的学校。

说起"研学"这个话题，得益于大约5年前的一次省内培训，那是我第一次单枪匹马坐车去的孤独培训。但正是这份孤独，让我萌发了对"研学"的好奇与认可。无独有偶，同年，我有幸参与学校卢春年校长的一个课题项目，项目组到了杭州，在学校教育顾问王崧舟大师的得意弟子彭才华的极力引荐下，我们非常荣幸地参观了王崧舟教授曾呕心沥血打造的拱宸桥小学。王教授用深厚的文学底蕴打造了一所以弘扬传统文化为特色的名校，特别是"运河文化"引起了我极大的兴趣。其中，"运河文化"中行走的课堂更是给了我很多的灵感。每学期的集体性研学周，每年寒暑假迷你型"运河研究院"中的"红领巾小社团"，沿着运河跨省研学、取水等系列研学活动，对东湾学校"河湾课程体系"有重要的参考价值。2019年，一个基于好心文化背景的"云游课程"在千呼万唤中诞生了。课程以"小学溯源，中学弘扬"为主题，按"6+3"模式，以母亲河小东江沿江城市或乡镇为研学点，把家乡茂名的好心精神带出河湾，使其冲出大海，走向世界。

难以忘怀，当课程想法在脑海里灵光乍现时的激动与兴奋。随后，该想法得到学校领导团队的认可时，我更是欣喜；得到专家及上级部门的肯定时，我甚是欣慰。

关于"跨学科学习"，这是近年流行的一个热词，是解决目前分科课

后记

程教学模式出现的割裂性、碎片化、欠系统性和兴趣性问题背景下的一个众多人推崇并研究的方向，这对于培养学生的创新能力、协调能力、合作能力有重要的作用，是对现行分科课程教学模式的一个极好的补充。东湾学校的"云游课程"恰好是学校三大课程中的一个很好的补充。

而语文学科作为百科之母，人文社会科学的一门重要学科，是人们相互交流思想的汉语工具。它既是语言文字规范的实用工具，又是文化艺术，还是用来积累和开拓精神财富的一门学问。同时，自党的十八大以来，围绕传承和弘扬中华优秀传统文化，习近平总书记发表了一系列重要论述。弘扬中华优秀传统文化，语文学科有重要的使命与担当。

因此，"好心文化背景下'小学语文＋'跨学科研学实践研究"在东湾学校遇上适合自己的土壤，就生根发芽了。

在对的时间、对的地方，我们刚好遇见。

在路上，要感谢的人很多。

感谢茂名市教育教学研究室詹晴儿副主任的专业指导，以及小学语文教研员赵初红老师的支持与鼓励。

感谢以卢春年校长为首的学校行政领导团队，是团队的鼎力支持才有课程的落地生根。

感谢全体教师在研学活动中的全程配合，没有教师的配合开展，就没有研学课程现在的模样。也许有些教师曾抱怨，为什么我们的研学活动那么累，其他学校只是带学生出去玩一圈就回来了，我们还要踩点、设计任务单、编制研学手册、进行"双师"课堂授课、指导学生汇报……但是，当看到孩子们在研学中的所得、所感、所思时，他们又觉得一切都那么有意义。在孩子们成长的同时，教师何尝没有成长呢？从此，他们懂得了研学的真正意义，丰富了课程意识，体验了"双师"课堂的优越性，激发了内在的潜能，发现了每个孩子都有一双天使的翅膀。给他们一个平台，还你万分精彩。

感谢我的课题组团队——谭海、吴茵娜、郭曦、詹伟锋、张梅君、欧培亮，在整理资料的过程中，他们一直在奋斗。特别是教研室谭海主任，一直冲锋在前，为这个课程的落地不遗余力。

最后，还要感谢一个人，我的挚友李艳老师。感谢她不分昼夜的减压电话，锅碗瓢盆间、哄娃入睡中都不能中断我们闲扯式的交流探讨、相互鼓励。感谢她应允作序，可谓句句真言。挚友嘛，就该这般模样。

…………

当然，课程需要思考的地方还有很多，如"双师"课堂的有效性、任务设计的创新性、研学内容的丰富性、过程评价的科学性等都亟待完善与改进。

…………

这时，我脑海里突然冒出一句不知名的小诗："我的肩上是风，风上是闪烁的星群。是难耐的天气勾起我对风的渴望，还是风上的星群荡起我心底的涟漪？也许兼而有之吧。"清风，如果是本研学项目，风上的星群，该是东湾学子那一张张明媚的笑脸了，那是温柔抚摸出的耀眼。

刚好遇见，一切都是最好的安排。

廖雁

2022年7月26日

后记